Salzburger Bilderbuch

Printed in Austria by F. Sochor, Zell am See
ISBN 3-7017-0093-1

SALZBURGER BILDERBUCH

mit 40 Bildern von

REGINE DAPRA

und einem Essay von

HERMANN BAUER

Residenz Verlag

VON STANDPUNKTEN UND WEGEN

Die schönste Stadt der Welt gibt es inzwischen schon recht häufig. Zu Paris, Rio de Janeiro, Passau und Rom ist nun auch München gekommen. Daß die wirklich schönste Stadt der Welt aber Salzburg heißt, ist des Salzburgers feste Überzeugung, und Zweifel daran nimmt er mit einer Miene zur Kenntnis, in der sich Mitleid und Höflichkeit spiegeln, vor allem aber das absolute Wissen der Wahrheit. Warum wälzen sich tagtäglich Tausende von Fremden über den Alten Markt, über den Grünmarkt, durch die Getreidegasse und durch Mozarts Geburtshaus? Der Salzburger kennt den Grund dafür. Kennt er ihn wirklich?

Früher war man der Meinung, das Schönste an Salzburg sei seine Italianità. Das fand der berühmte Kunsthistoriker Alois Riegl ebenso wie Max Reinhardt, der, bevor er auf dem Salzburger Domplatz den „Jedermann" aufführte, auf dem Campo San Trovaso in Venedig inszeniert hatte. Vergleicht man aber Salzburg mit (sagen wir einmal) Udine, Florenz oder Pisa, dann wird es schwierig, den sprichwörtlichen Regen zu erklären (übrigens ist er nicht schlimmer als anderswo nördlich der Alpen), oder eine Entschuldigung zu finden dafür, daß der Salzburger in Bewegung und Zunge keineswegs italienische Atmosphäre zu verbreiten imstand und willens ist.

Selbstverständlich ist Salzburg die schönste Stadt der Welt. Nicht weil sie so besonders italienisch wäre oder weil sie Mozart hervorgebracht hat.

Warum sollte der Salzburger sich die Mühe machen, etwas Selbstverständliches zu erklären? Er wird sich — ohne großes Pathos, eher gelangweilt ob der Notwendigkeit, darüber reden zu müssen — mit einer Handbewegung behelfen: vom Kapuzinerberg über die Salzach hin, über die Kuppeln und Dächer, über das Kloster Nonnberg hinauf zur Festung und weiter den langen Rücken des Mönchsberg mit seinen steil und felsig abfallenden Flanken entlang bis hin zur Müllner Kirche, oder auch in umgekehrter Richtung, das ist ganz gleich. Er hat ja doch recht.

Hat nicht schon Giordano Bruno gesagt, daß all unser Erkennen letztlich bildhafter Natur ist? Und hier tun sich Bilder auf, die einmalig sind insofern, als sie echte Instrumente sind — wenn man so will — zum Erkennen des Wesentlichen.

Salzburgs Bilder entfalten sich nicht als großes Panorama, als bedeutende Perspektive, als malerische Winkel. Sieht man recht hin, dann ist Salzburg eigentlich nicht malerisch im Sinn des Pittoresken (ein Begriff aus dem 18. Jahrhundert). Genauso wenig ist es grandios im Sinne architektonischer Überzeugungskraft. Salzburg ist etwas anderes. Man hat einmal davon gesprochen, daß es so etwas wie der kleine Kern einer Weltlandschaft sei, wo auf kleinstem Raum die Begriffe Stadt, Berg, Wasser, Ebene überschaubar vereinigt sind.

Hier wurde so etwas wie ein Modell geschaffen — wie um zu zeigen, daß man eine herrliche Stadt in kluger Beschränkung so errichten kann, daß nicht nur der Maßstab handlich wird, sondern auch jedes Bild, das sich einem auftut, wie für einen faßbaren Rahmen gemacht erscheint. Möglicherweise haben die Salzburger sogar recht, wenn sie ihre Stadt für die schönste der Welt halten.

Denn es gibt wohl keine Stadt, in der die Schönheit so sehr identisch ist mit bildhafter Überschaubarkeit.
Der Untersberg auf der einen Seite, nicht so hoch, um nicht gerade noch im Maß zu bleiben, hoch genug aber, um ein erhabener Berg zu sein, selbstverständlich einer mit Geschichte und ein Sagenberg. Kaiser Karl wartet in seinem Innern, und der Berg ist darum so imposant, weil er ohne lange Vorbereitung steil aus der moorigen Ebene aufsteigt, den Rücken langgestreckt, als könnte er es sich leisten, den Gipfel weit bis nach Bayern hinzuziehen. Gegenüber der Gaisberg, der sich allerdings von anderen dadurch unterscheidet, daß man heute mit dem Auto bis auf sein Gipfelplateau fahren kann. Früher ging eine Zahnradbahn hinauf (seit 1887), deren Stationen heute leider nicht mehr zu sehen sind. Man stelle sich vor: Ein Bahnhof, dessen Bausägeornamentik das Flair Bad Ischler Villen aus Kaiser Franz Josephs Zeit beschwört, auf einem Berggipfel, von dem aus man Stadt und Land unvergleichlich gut sieht, Pfiffe einer Dampflokomotive, Herren mit Strohhüten, die ihren langberockten Damen aus dem Zug helfen, und dann das Entzücken darüber, daß man sich hier mit der Eisenbahn gleichsam himmlische Aspekte verschaffen konnte. Gewiß, das Vorbild dafür war die Rigibahn. Aber unter dem Rigi liegt kein Salzburg. Auf dem Rigi verhilft einem die Technik zu einem Rendezvous mit der gigantischen Bergwelt, auf dem Gaisberg zu einem Blick über eine kleine Welt, die gleichzeitig weit und doch begrenzt erscheint, behaust und gestaltet.
Um Salzburg hören die Berge auf, oder besser gesagt, sie stehen als letzte ihrer Sippe in der Ebene da. Der Übergang zur anderen Welt, die man in Salzburg den Flachgau nennt, geht nicht allmählich und in Kompromissen vor sich. Zwischen dem „Hie Berg — hie Land“ haben diese Berge eine Art von kleinen Modellen in der Ebene abgelegt, und umgekehrt hat sich das platte Land auf

den letzten kleinen Bergen eine platte zweite Etage verschafft. Wir sind beim Mönchsberg, bei der Festung und auch beim Rainberg oder beim Hellbrunner Hügel. Die Geologen nennen das „Inselberge“, was da aus dem sogenannten Salzburger Becken, einem ehemaligen See, herausragt.

Die Salzach, bis hierher ein Gebirgsbach, tritt in Salzburg gleichsam in die Welt ein. Bevor man sie regulierte (das Wort sagt eigentlich schon alles), hatte sie sich hier, wie aus Freude über unbekannte Freiheit, in Arme geteilt, manchmal auch die Stadt überschwemmt, während sie jetzt eher eine zahme Kloake ist, im Vergleich mit dem Fluß, der sich einst als Naturgewalt den Durchbruch zur Welt bahnte. Man sieht — Salzburg ist nicht nur eine Art von Weltmodell, es fordert auch unsere Phantasie zur Rekonstruktion, damit wir uns neue Hochhäuser wegzudenken und jenen postglazialen (sit venia verbo!) und biedermeierlichen Zustand wieder vorzustellen vermögen, da die Salzach noch ein Fluß war und keine schmutzigbraune Brühe, von der es gilt, sie möglichst schnell der Donau entgegenzuleiten.

Da gibt es alte Ansichten, auf denen diese Salzach an die Stadt schwemmt, um den Bürglstein etwa, einem kleinen Modellberg am Ufer, oder solche, auf denen man sieht, wie auf Zillen und Flößen etwa Salz gen Norden transportiert wurde. Mit anderen Worten: Es gilt jeweils ein Auge zuzumachen und ein inneres weit aufzumachen, um trotz aller modernen Zerstörung in Salzburg das von der Natur und der menschlichen Geschichte geformte Bild zu sehen: ein Erkenntnisbild.

Die Natur hat ihr Modell geliefert. Der Mensch nicht minder. Es gibt Flüsse, deren Sinn darin liegt, Naturereignis zu sein. Die Salzach dagegen hat ihren Namen vom Salz, das schon seit der Vorzeit vor allem im Dürrnberg bei Hallein gewonnen wurde, und das man dann auf dem Fluß verschiffte. In der Jungsteinzeit

diente der Fluß bereits dem Menschen und war die Stadt dem Fluß verbunden. Das war schon so, als in der Bronzezeit auf dem Mitterberg und bei Viehofen Kupfer abgebaut und auf der Salzach transportiert wurde. Blättert man in alten Ansichten von Salzburg, so wird man gewahr, daß die Stadt sich vor allem an zwei Punkten verändert hat. Wie überall sprengen Vorstädte ohne architektonische und städtebauliche Konzeption den Rahmen dessen, was man früher unter Stadt verstand. Zum anderen ist die Salzach heute gebändigt, kanalisiert, so daß man bei ihrem Anblick schon froh ist über das von der Technik unbeabsichtigte und belustigende Schwanken des Makartstegs, wodurch eine Überquerung zwar nicht zum Abenteuer, wohl aber zum Magenkitzel wird.
Mit anderen Worten: Natur und Mensch haben hier vordem für klare Verhältnisse gesorgt: Sinnfälligkeit wird zum Bild.
Wie sind nun aber diese Bilder beschaffen, in denen Salzburg zum Weltlandschaftsmodell wurde? Es gibt eine immer wieder zitierte Briefstelle der Bettina von Arnim an Goethe von 1810: „Wie kann ich Dir nur von diesem Reichtum erzählen, der sich vor uns ausbreitet, wo sich der Vorhang allmählich vor Gottes Herrlichkeit teilet und wo man sich nur verwundert, daß alles so einfach ist in seiner Größe.“ Etwas für Salzburg ganz Wesentliches scheint in diesem Zitat erkannt zu sein: Daß diese Stadt und ihre Umgebung untrennbar zusammengehören, ja daß man die Stadt wie eine herrliche Landschaft preisen kann und daß eben bei aller Großartigkeit das Ganze letztlich sehr einfach zu fassen und zu begreifen ist.
Salzburg ist ebenso heimlich wie unheimlich. Es ist menschlich verständliches Modell der Schöpfung und zugleich auch unbegreiflich. Die Berge reichen so nahe an die Stadt heran, daß man sie greifen, begreifen kann, sie steigen aber auch so schroff über der Stadt empor, daß die Felswände gleichsam als Rückwand von Häusern gruselig wirken: Nachts (und wenn es vielleicht gar noch regnet)

in einem solchen Rückhaus an der Steingasse oder in der Gstättengasse ist man der glitschig-tropfenden Natur näher als einem lieb ist und man denkt auch gelegentlich an die Katastrophe von 1669, als ein Bruch des Mönchsbergs eine halbe Häuserzeile erschlug und deren Bewohner unter sich begrub. Die Katakomben in der Felswand über dem Petersfriedhof — ihr spätantiker Ursprung ist nicht mit Gewißheit nachweisbar — sind wieder etwas sehr typisch Salzburgisches: In der Umkehrung jenes so nahen Umgangs mit der Natur wird der gefährliche Stein hier zum beherbergenden Schutz. „Denke Dir einen Garten, der mehrere Meilen im Umfang hat, in diesem unzählige Schlösser und Güter, die aus den Bäumen heraus oder durchschauen, denke Dir einen Fluß, der sich auf mannigfaltigste Weise durchschlängelt, denke Dir Wiesen und Äcker, wie ebensoviele Teppiche von den schönsten Farben, dann die herrlichen Straßen, die sich wie Bänder um sie herumschlingen, und endlich stundenlange Alleen von ungeheueren Bäumen, dieses alles von einer unabsehbaren Reihe der höchsten Berge umschlossen als wären sie Wächter dieses himmlischen Thales, denke Dir dieses, so hast Du einen schwachen Begriff von seiner unaussprechlichen Schönheit", schrieb 1825 Franz Schubert über Salzburg. An den paar Zeilen ist vor allem eines bemerkenswert: Wie Schubert an das Vorstellungsvermögen appelliert, indem er eigentlich nichts anderes nennt als den Fluß als Bild von einem Fluß, die Alleen als Bilder von Alleen und die Berge als Bilder von Bergen und das Tal als himmlisches Tal.

Wenn der Salzburger spazierengeht — er tut es nicht leidenschaftlich, eher mit der ökonomischen Sicherheit, in der ein Bauer von Zeit zu Zeit seinen Besitz umkreist —, wenn also ein Salzburger spazierengeht, dann geht er, um stehenbleiben zu können. Der Kenner fährt sogar mit der Festungsbahn nur die halbe Strecke hinauf, um dann, eben auf halber Höhe, die Aussicht auf die Stadt zu genießen und entweder durchs Schartentor auf die andere Seite mit der anderen Aussicht zu gehen oder zum Nonnberg hinüber mit dem vielleicht schönsten Blick auf Stadt und Land. Vorher hat der Genießer einige Fremde in der Kabine beiseitegedrängt, sich mit dem Rücken zur Fahrtrichtung gestellt und darauf gewartet, daß er von diesem Lift über ein Bilderreich gehoben wird.

Die Natur hat in Salzburg gleichsam für eine „Belle Etage" gesorgt (oder die Salzburger haben den Platz für ihre Stadt deshalb so gewählt): Auf beiden Seiten (sei es zur Festung und auf den Mönchsberg oder den Kapuzinerberg) gelangt man mit wenigen Schritten ins salzburgische Obergeschoß. Das Einmalige daran ist, daß dieses Obergeschoß ein absolutes Eigenleben führt. Wer auf dem Mönchsberg spazierengeht, hat überhaupt nicht das Gefühl, auf einem Berg zu sein, sondern eher in einem Englischen Garten. Als hätten die Engel — wie einst die Santa Casa von Loreto — einen schönen Garten in die Lüfte gehoben, als schwebende Unwirklichkeit sozusagen. Erst wenn man an den Abbruch kommt, unheimlich wieder, wird man gewahr, daß man sich ein Stockwerk über der Stadt befindet. Dächer, Kuppeln, Türme, Straßenzüge, Plätze liegen abrupt vor dem Betrachter. Wenn es verschiedene Einstellungen zur Welt gibt, Perspektiven, etwa die aus der Hausmeisterwohnung heraus, den indiskreten Blick aus dem Souterrainfenster oder die Normalperspektive aus dem ersten Stock, geschäftsmäßig und ordentlich, dann gibt es auch so etwas wie eine Balustrade auf dem Dach, über die man sich ebenso verzückt wie unsicher lehnt, unter sich die Stadt.

Auch das Ungewöhnliche hat seine Regeln. Die Regelhaftigkeit des Salzburgischen wird von der Lage der Stadt diktiert und ergibt sich aus jener Übersicht, die von oben aus möglich ist. „Klare Verhältnisse" sind das Ergebnis (etwas, was gerne mit dem Italienischen verwechselt wird), und gleichzeitig eine sehr eigenartige Distanz zu den Dingen, zur Stadt dort unten. Es ist die Distanz gegenüber einem Bild, das hier aus Dächern, Türmen, Kuppeln besteht, überschnitten von einem Rahmen, den der Blick über die Balustrade im Obergeschoß Salzburgs abgibt. Die Stadt weist uns die Standpunkte an.

Goethe hatte es sich einst zur Gewohnheit gemacht, nach der Ankunft in einer für ihn noch unbekannten Stadt möglichst bald einen Turm zu besteigen, um eine Überschau zu gewinnen.

Heute gibt es Fernsehtürme, damit man die Städte von oben sehe oder über sie hinwegsehe. Salzburg aber scheint entstanden zu sein als Teichoskopie, als Mauerschau. Alte Beschreibungen sind je nach Zeit und Person des Verfassers naturgemäß verschieden. In einem jedoch sind fast alle gleich: Das Erlebnis von Bildern aus ungewöhnlicher Perspektive oder überzeugender Einmaligkeit wird betont. „Der Rücken des Mönchsberges ist ganz herrlich mit allen Arten von Bäumen bewachsen, die sich überall wunderschön gruppieren. Dies und die vortreffliche Aussicht auf die Gebirge und Ebene macht ihn zu dem schönsten Park und Spaziergang, den ich je sah . . .“ (Heinrich Reinhold, 1818). „Wie kann ich Dir nur von diesem Reichthum erzählen, der sich . . . vor uns ausbreitete? . . . nicht einen, aber hundert Berge sieht man von der Wurzel bis zum Haupt ganz frei, von keinem Gegenstand bedeckt . . .“ (Bettina von Arnim, 1810). „Immer dringt sich meiner Phantasie, wenn ich die schöne Lage einer Stadt preisen höre, das Bild von Salzburg auf. Die schönste Gegend und die Gegend um Salzburg sind in mir Synonyme, oder mehr noch als Synonyme geworden; . . . Die Gegend um Salzburg ist der Vereinigungspunct aller Naturschönheiten, die die üppigste Phantasie sich auf dem Continente wünschen kann . . .“ (Johann August Schultes, 1804). „Die weite, obschon von hohen Bergen eingeschlossene Ebene, in welcher die

Stadt Salzburg liegt, zog mich durch ihre Schönheit unaussprechlich an, als hätte ich sie nie gesehen. Die nehmlichen Gefühle haben mich auch gestern und heute den ganzen Tag begleitet, da ich von mehreren Anhöhen dieser Stadt und von verschiedenen Seiten das reizende Land übersah . . ." (Karl G. Küttner, 1799).

„Das Zusammenkommen so vieler Elemente der Weltlandschaft in einem überschaubaren Ganzen der Wirklichkeit ist etwas Seltenes, wenn nicht Einzigartiges. Schon das Sich-Zusammenfinden der vier oder fünf Hauptbestandteile: Schneegebirge und Ebene, Fluß, Stadt und Burg, ist etwas Ungemeines . . ." (Hans Sedlmayr, 1970).

Die Alternative zur Salzburger Teichoskopie, in der die dauernd wechselnden Bilder der Stadt, angeschnitten durch unseren sich wandelnden Rahmen, Dächer, Berge, Ebene und Fluß vereinigt sind, ist der Spaziergang in der Ebene, konkret, in der Hellbrunner Allee (denn sonst sind ja die unteren Randbezirke alle bereits verbaut). Von Erzbischof Markus Sittikus angelegt als verbindende Achse zwischen seinem Lustschloß und der Stadt, gesäumt von mehreren kleinen Schlössern, begleitet von herrlichen alten Bäumen, ist sie gleichsam eine mit dem Lineal in die Landschaft gerissene Linie, eine Barockanlage, eine via triumphalis, wie wir sie von Versailles oder dem rheinländischen Poppelsdorf her kennen.

Einmalig aber ist in Salzburg die in diese Allee einkalkulierte Kulisse der Berge, der kleinen wie der großen, vom Hellbrunner Hügel bis zum Untersberg und zum Hohen Göll. Die Festung wird, von hier aus gesehen, zu einem Ereignis. In der Perspektive der Allee wächst der Berg auf, gipfelnd im Grau der von Menschenhand gezogenen Mauern, die jeden Tag und zu jeder Tageszeit in einem anderen Licht erscheinen. Eine Anekdote: Südlich von Salzburg liegt der Schmitten, ein Bergrücken mit festungsähnlich ausgezacktem Gipfel. Napoleon soll einst ein Kommando ausgeschickt haben, zu erkunden, was denn da für ein Fort auf dem Berg sei. Auf diese Vermutung konnte ihn die Hohensalzburg bringen, weil da ein Berg auf die natürlichste Weise in die Mauern einer Burg übergeht. Das ist am besten von der Hellbrunner Allee aus zu sehen. Am Ende dieser schönen Straße liegt das kleine Schloß Freisaal aus dem 16. Jahrhundert, in dem die neugewählten Erzbischöfe nächtigten, bevor sie ihren feierlichen Einzug in Salzburg hielten. Warum, das wird jedem verständlich, der von Hellbrunn über Freisaal nach Salzburg wandert: Hier ist von Landschaft wie von Menschenhand die Achse gelegt, an der das Bild von Salzburg, diesmal nicht von oben, sondern aus der Plane gesehen, entsteht.

Standpunkte und Wege: Humboldtterrasse, Hettwerbastei, das Franziskischlössel auf dem Kapuzinerberg, die Hellbrunner Allee, die Brunnhausgasse hinauf mit den Rosengärten, der Weg um Nonnberg, die Aussicht von der Festung aus, der Blick auf die Festung von allen Seiten.

Das dürfte das Einmalige an Salzburg sein und es zu einer der schönsten Städte der Welt machen: Die Gegenstände der Schau sind zunächst gar nicht so außergewöhnlich. Wer Salzburg mit einer italienischen Stadt verwechselt, verkennt es, obwohl Salzburg zum Teil italienisch konzipiert ist. Um es deutlicher zu sagen: Salzburg besitzt letztlich nur sehr wenige monumentale Kunstwerke, die von höchster abendländischer Qualität sind, die Kollegienkirche Fischers von Erlach und den Chor der Franziskanerkirche ausgenommen. Salzburg ist etwas anderes — und zwar die einmalige Verwirklichung humaner Erkenntnisbilder. Salzburg will gar nicht erschüttern, durch Größe, Höhe, Tiefe. Natürlich tragen seine Anlage und seine Architektur italienische Züge. Damit ist aber nur gesagt, daß die einstigen Herren der Stadt und der Burg fortschrittlich waren und daß Salzburg tatsächlich ein Tor zum Süden ist. Salzburg ist bedeutend und schön, weil hier Geschichte,

Natur und Menschen Modell-Bilder geschaffen haben, die Brücken sind: Von Nord nach Süd, vom Flachgau zu den Bergen hin, von oben nach unten, vom kleinen zum großen Berg, vom Mikrokosmos zum Makrokosmos. Mit anderen Worten: „Ein menschlich Maß“ ist hier gefunden. In Paris liegt als museale Verbindlichkeit ein Meter in Platin. In Salzburg gibt es einen unsichtbaren Maßstab menschlichen Begreifens.

1

DER RIEDENBURGWEG: Von der Riedenburg, einem Stadtteil westlich des Mönchsbergs, führt einer der vielen Spazierwege hinauf zu den Aussichtspunkten.

ABGANG
NACH
RIEDENBURG
R. Dapra 1966

2

DER KOKOSCHKAWEG: Spazierweg auf dem Mönchsberg, im Hintergrund die Festung Hohensalzburg, wo Kokoschka die Sommerakademie der „Schule des Sehens“ initiierte.

R. Dapra

3

SCHLOSS AIGEN: Im Süden von Salzburg, am Abhang des Gaisbergs, liegt das einst erzbischöfliche Aigner Schloß mit seinem romantischen Park; davor die barocke Kirche.

4

KAPUZINERBERG-TOR: An diesem kleinen Tor beginnt einer der schönsten Aussichtswege.

5

STIFT NONNBERG: Das schon im 7. Jahrhundert gegründete Benediktinerinnenkloster mit seinen Kunstschätzen liegt auf halber Höhe an der südöstlichen Bergspitze unterhalb der Festung.

6
DIE FESTUNGSGASSE führt eine Etage über der Stadt den Berg entlang nach Stift Nonnberg.

7
AUSSICHT AUF STADT UND DOM: Von den Basteien des Kapuzinerbergs blickt man über die Salzach auf Stadt und Dom bis zur Hintergrundskulisse des Gebirges.

8
ADVENTSBLASEN: An den Adventssonntagen blasen Musikanten vom Turm des alten Rathauses über die Dächer der Stadt.

R. Dapra

VON DÄCHERN, KUPPELN UND TÜRMEN

Der Verführer (Lukas 4, lf), der Christus „in einem Augenblick alle Reiche der Welt“ zeigen wollte, führte ihn auf einen Berg. Die Szene könnte über Salzburg erdacht sein, wo eine kleine Welt und die Geschichte von Landschaft und Stadt im Blick von oben tatsächlich wie eine Welt erscheinen, obwohl einiges an diesen Dächern und Türmen nicht ganz echt ist. Etwa die Turmspitzen der Dreifaltigkeitskirche Fischers von Erlach (geweiht 1702), die aus dem 19. Jahrhundert stammen oder auch der Helm der Franziskanerkirche. Eine interessante Geschichte hängt an diesem Turm der herrlichen Kirche, die ab 1422 durch Meister Hans von Burghausen an alte Teile angefügt wurde. 1670 ließ ihn Erzbischof Max Gandolf so weit abtragen, daß er dem barocken Dom nicht mehr Konkurrenz machen konnte. Schließlich war die heutige Franziskanerkirche einst die Pfarrkirche „Zu unserer Lieben Frau“ und erbaut von einer Bürgerschaft, die im 15. Jahrhundert nicht nur einmal gegen den Bischof aufmuckte.

In Landshut, wo Meister Hans vor Salzburg arbeitete, wollte man mit dem Martinsturm die Höhe der Burg erreichen. In Salzburg war das nicht möglich, aber schon die Andeutung scheint die Bischöfe verstimmt zu haben. Es ist übrigens ein Glück, daß die Franziskanerkirche überhaupt noch steht. Salzburgs letzter regie-

render Erzbischof, Hieronymus Graf von Colloredo, wollte zu guter Letzt noch die Residenz so erweitern, daß aus dem Langhaus der Kirche Stallungen und aus dem hohen Chor ein Mausoleum für ihn hätten werden sollen. Das Projekt blieb unvollendet, und das sieht man heute noch sehr gut, vor allem an den seltsamen Ecken der Residenz zur Kirche hin, dieser „steinernen Verlegenheit", wie der Volksmund sie nennt.
Ungewöhnlich ist auch die Lage von Sankt Peter an der Felswand. Die barocke Turmzwiebel steht vor dem Spaziergänger auf dem Berg zum Greifen nah, während leider auch allzu gut sichtbar wird, daß die ebenfalls in der Barockisierung von 1756 dem romanischen Langhaus aufgesetzte Vierungskuppel zwangsläufig unproportioniert klein geraten mußte. Zu unseren Füßen liegt die „Wiege" Salzburgs. Jetzt sieht dieser Bezirk so aus, als hätte der Fels auch vor der Spitzhacke des Barocks, die um den Dom alles für Plätze und Residenzen niederlegte, als hätte dieser Fels noch einmal Schutz geboten wie einst im 7. Jahrhundert, als der Missionsbischof Hruodbert (Rupertus) ein Kloster zu Ehren Sankt Peters gründete. Gewiß hat man dafür noch antike Baulichkeiten ausnutzen können, wie sie in der Blütezeit, da Norikum unter Kaiser Claudius römische Provinz war, im Munizipium Juvavum errichtet worden waren. Die Salzach hieß übrigens (wohl keltisch) Juaro. Wie im noch älteren St. Maurice im Wallis drängt die Kirche sich an die Wand, dazwischen und unter sich die Gräber. Zunächst, bis 987, war der Abt auch der Bischof von Salzburg; nachdem jedoch im 13. Jahrhundert die Bischöfe auch reichsunmittelbare Fürsten und Landesherren geworden waren, „drängten sie das Kloster mehr und mehr in den Schatten" (Wolfgang Steinitz), eine schöne Metapher für die bergbehütete Eigenständigkeit von St. Peter und mehr als eine Metapher: Man kann von oben tatsächlich den Schatten einfallen und wandern sehen, über Dächer, sogar

über Turm und Kuppel, über die Höfe und den Petersfriedhof hin, den vielleicht schönsten Friedhof der Welt. Die Bezeichnung klingt makaber, wäre da nicht eben jener Schatten, der die barocken Arkaden, Epitaphien und Grabkreuze sehr schnell einhüllt als Bild der Eitelkeit aller Schönheit, der Vanitas.
Der Kenner wird jetzt allerdings mit ausgestrecktem Zeigefinger hinüberdeuten über die Salzach in Richtung Linzer Gasse, wo eine kleine Kuppel sichtbar wird, die der Gabrielskapelle, des Mausoleums von Wolf Dietrich (1597). Sie steht mitten in einem Friedhofsgeviert nach Art eines italienischen Campo Santo an der Stelle, wo in den schweren Zeiten der Pest seit 1506 vor den Toren der Stadt ein primitives Spital errichtet worden war und wo die Toten verscharrt wurden. Vornehm wurde der Sebastiansfriedhof erst unter Wolf Dietrich. Aber das ist eine lange Geschichte: Wie der Erzbischof, als der alte mittelalterliche Dom abbrannte, den Domfriedhof nach Sankt Sebastian verlegte, weil er Platz für seinen Neubau brauchte; wie er sich eine Menge Feinde schuf, weil er die Gebeine von Vorfahren vornehmer Patrizier vor deren Haustür abladen ließ; wie er „zutage getretenen Körper samt Koth und Bschütt an das Wasser der Salzach“ brachte; und wie er dann eben für sich ein Mausoleum errichten ließ, innen eigenartig mit Kacheln verkleidet, von dem sich lange die Sage hielt, der Erzbischof sitze immer noch wie Kaiser Karl zwischen Leben und Tod da, die Baupläne in der Hand. Paracelsus ist hier als Arzt der Armen begraben, und schmerzhaft wird einem auch dort, vor dem Grab des Leopold Mozart und der Konstanze Mozart, bewußt, daß wir das Grab des Wolfgang Amadeus nicht kennen, bloß sein Geburtshaus in der Getreidegasse und das Wohnhaus der Mozarts auf dem heutigen Makartplatz. Das nun sieht man besser nicht so genau an. Für das, was Dresden, Coventry, Würzburg oder Nürnberg als Städte vernichtet hat, gibt es das Wort „Bombenteppich“.

Ein solcher ging 1944 auch über Salzburg nieder, wenngleich heute kaum noch Spuren davon zu sehen sind. Es sei denn eben am Mozart-„Tanzmeisterhaus“ bei der Dreifaltigkeitskirche, das aus reiner Geschäftsgier auf abscheuliche Weise höher aufgeführt wurde als es je war, und das jetzt gleich einem häßlichen Zahn aus der Reihe der anderen Häuser hochragt. Nun konnte man allerdings früher auch die Dreifaltigkeitskirche Fischers von Erlach (ab 1694) nicht so gut sehen wie heute. Auf dem einstigen Hannibalplatz stand mitten vor der Kirche das Leihhaus, und tatsächlich finden wir das gleiche ja häufig im Barock, so etwa in Rom: daß die schönsten Fassaden in schmalen Straßen kaum aus der Distanz zu betrachten sind. Das barocke Element der Phantasie und der Erweiterung des Bildraums durch die Vorstellungskraft muß hier bemüht werden. Denn das Leihhaus vor der Kirche dürfte immer noch schöner gewesen sein als der heutige Makartplatz. „Die Dreifaltigkeitskirche bildet den interessanten Einleitungssatz in der herrlichen Symphonie der Kuppelkirchen Fischers von Erlach“ (Bernhard Paumgartner). Damit ist der Zeitpunkt gekommen, sich der Kuppel der Kollegienkirche zuzuwenden, dem Gipfel über der schönsten Kirche Salzburgs, dem Dach der „Sedes sapientiae“. „Die Weisheit hat sich ein Haus gebaut“ heißt es im „Liber ecclesiasticus“ der Bibel. Drei ebenso berühmte wie herrliche „Sapientien“ gibt es: San Ivo della Sapienza in Rom von Borromini, die Sorbonnekirche Lemerciers in Paris und eben die Kollegienkirche. Alle drei standen oder stehen eingeklammert in Universitäten und waren deren Kirche. Fischers von Erlach Kollegienkirche (begonnen 1796) ist — wieder sehen wir das von oben am besten — phänomenal deshalb, weil sie zwar absolut barocke Ansprüche stellt, im Hinblick auf die Nachbarschaft und den Platz aber, ganz anders als der früher entstandene Dom, sich dem Gefüge der Altstadt eingliedert.

Was Salzburg von anderen Städten nördlich der Alpen unterscheidet, ist der Umstand, daß außer dem Dom keine einzige Kirche frei steht, sondern mit Anbauten gleichsam wie mit Funktionen verklammert ist.
Städtebauliches Kalkül waltet hier derart, daß Salzburg trotz aller mittelalterlichen Teile und Grundlagen keine mittelalterliche Stadt, sondern — nein, eigentlich nicht Barockstadt — eine Renaissancestadt genannt werden kann. Faßt man diese Bezeichnung nicht allzu eng, dann erklärt sie einiges an Salzburg. Das alte Nürnberg beispielsweise war eine mittelalterliche Stadt mit krummen und winkeligen Gassen, eine Stadt, deren einstiges Wachstum wie an Jahresringen sichtbar wird. In Salzburg gilt das in der Altstadt nur mit Einschränkungen. Wien oder Dresden sind oder waren letztlich barocke Städte, wo innerhalb alter Gegebenheiten die feudale Usurpation Achsen, Veduten und Effekte schuf. In Salzburg gibt es das auch, aber nur andeutungsweise. Fischers von Erlach Kirchen oder sein Schloß Klesheim sind sicherlich auf eine ganz bestimmte „Schau“ hin berechnet, die Stadt selbst aber eröffnet sich nicht wie eine barocke Festdekoration. Sie verhält sich spröder, zurückhaltender und vielleicht macht gerade das ihren Reiz aus. Salzburg wurde, vor allem durch Wolf Dietrich, um die Wende zum 17. Jahrhundert so neu organisiert, daß die Stadt als modern bezeichnet werden muß im Sinne einer durchgreifenden Planung anstelle von naturhaftem Wachstum. Andererseits fehlen dieser Planung, was spätere barocke Städte auszeichnet: die Achse und die weite Perspektive.
Es ist an der Zeit, von der wichtigsten, wenn auch nicht schönsten Kuppel Salzburgs zu reden, von der des Doms. Ihre Laterne ist — auch ungeübtem Auge sichtbar — um etwa einen Meter verschoben. So ganz ging es halt nicht aus. Aber das ist fast ein Symbol, genauso, wie der Außenbau des Doms eigenartig wirkt, weil der aus dem

Mönchsberg gebrochene Konglomeratstein, nur um weniges transportiert, auf dem neuen Platz wieder da ist, naturhaft wie an den Sockeln der Häuser.

Wolf Dietrich von Raitenau, Erzbischof und Landesherr, war viel weniger das, was man einen Barockfürsten nennt, als ein später Renaissanceusurpator vom Schlage der Visconti oder der Medici. Der mittelalterliche Dom brannte endlich 1598 ab. (Das taten übrigens Bauten meistens, wenn neue fällig waren.)

Wolf Dietrich ließ rasch Pläne fertigen, von Italienern, von Vincenzo Scamozzi (1604—1606), der Grundstein wurde 1610 gelegt, aber erst der Nachfolger Wolf Dietrichs, Markus Sittikus, konnte den Bau mit dem Baumeister Santino Solari fortsetzen (Weihe 1628). Gleichzeitig entstand die Residenz, entstanden die Plätze um den Dom, nachdem das, was der Brand nicht zerstört hatte, abgebrochen worden war. So wurden 1606 die Gebeine Virgils, der im 8. Jahrhundert einen ersten Dom errichtet hatte, ohne viel Aufhebens in die Franziskanerkirche gebracht und andere, weniger bedeutende Reliquien einfach weggeworfen.

Was dann entstand, an Dombezirk mit Residenz und großen Plätzen, das ist — wir stehen noch immer über den Dächern und Kuppeln — das Bild einer in sich geschlossenen Einheit, aus der keine barocken Achsen auszubrechen versuchen, wo der Raum — Platz um Platz aus dem Mittelalter herausgeschlagen — sich aneinanderfügt.

Die Auseinandersetzung der Bischofsstadt mit der Bürgerstadt ist am besten aus unserer Mauerschau zu erkennen. Die Usurpationen des Wolf Dietrich oder des Markus Sittikus bedrohten entweder den alten Klosterbezirk von St. Peter oder das Stadtareal, das die antiken und mittelalterlichen Konditionen am deutlichsten erkennen läßt. „Von der Kanzel des Kapuzinerberges aus zeigt sich der Prospekt der Stadt in einer distanzierten Sicht. In diesem lassen allein schon die Türme und Kuppeln erkennen, daß jeder und jede von ihnen das Gebiet einer der historischen Gemeinschaften repräsentiert. Zur Domstadt und zur Fürstenstadt gehören die Domtürme und der Turm des Neugebäudes; zum Bezirk des Klosters St. Peter und zu dem von Nonnberg die Türme ihrer Kirchen; zur Bürgerstadt der Turm der Stadtpfarrkirche (der heutigen Franziskanerkirche) und der des Rathauses; zum Universitätsviertel die Türme und die Kuppel der Kollegienkirche. Doch die Sprache der Formen geht weit über die Türme hinaus; sie prägt den Charakter der einzelnen Bezirke als sinnvolle Selbstdarstellung der Gemeinschaften, welche diese nach und nach gebaut haben. Fast jede von ihnen hatte ihre ganz bestimmten, durch Mauern, Tore und Schranken gekennzeichneten Grenzen; noch heute kann man den Bezirk von St. Peter nur durch Tore betreten, noch heute kennzeichnet der ‚Hund' die Grenze des Bezirks vom Kloster Nonnberg. „Jedes Viertel war etwas wie ein Staat im Staate . . ." (Hans Sedlmayr).

Die Bürgerstadt, zunächst links und dann rechts der Salzach entstanden, ist, von oben gesehen, ein homogenes Gebilde aus Unregelmäßigkeiten, in das in der Spätrenaissance feudale Rodungen geschlagen wurden. So stehen die Fläche von Residenz-, Dom- oder Mozartplatz, heute teilweise zu Parkplätzen degradiert, und die angrenzende Enge der Altstadt abrupt nebeneinander.

Zeichen dieser Bürgerstadt sind die Grabendächer. Hinter einer „Vorschußmauer" laufen senkrecht dazu unsichtbare und von oben doch so gut sichtbare einzelne Giebeldächer, die heute meist in Blech gedeckt sind. Ein Haus am Kranzlmarkt sah schon vor 1400 so aus, später wurde das zu einem System, das gleichsam Straßenwände bildete. Die Dächer der Bürgerstadt fächern sich, gewunden, gebogen um die alten Straßen. Man nennt den Stil „Innstadt-Haus", was falsch ist insofern, als es sich um eine Möglichkeit des Hausbaus handelt, der allgemein von Sterzing, Ratten-

berg bis Rosenheim, von Passau herunter wieder über Laufen bis Salzburg und Hallein zu finden ist: ein Typus, der in dieser Form absolut transalpin ist, süddeutsch, wobei die Salzburger Spezialität und die der Salzstädte die ist, daß man auf Laubengänge verzichtete, wie wir sie in den Innstädten haben. Salzburg kennt kaum Erdgeschoßarkaden, dafür aber „Durchhäuser", Gänge von einem Straßenzug zum anderen, durch Hausgänge hindurch, mit Lauben im Oberstock — etwas, was wiederum die Innstädte kaum aufweisen. Die „Durchhäuser" Salzburgs sind letztlich alle Renaissancelauben — allerdings mit Überraschungseffekten, sei es, daß man darin auf Antikes stoßen kann oder auf eine Erinnerungstafel an August Bebel, der auch einmal hier weilte.
Getreidegasse, Goldgasse, Judengasse, Kaigasse, von oben sehen sie aus — gegenüber dem Fürsten-, Kapitel- und Mönchsviertel — wie gewundene Schluchten zwischen gefalteten Dächern, genauso eng wie Wolf Dietrichs Lichtungen weit sind, aus ihnen aber dringt hörbar wie aus dem „Ohr des Dionysos" in Syrakus an manchen Stellen auf den Mönchsberg fast jeder Ton aus dem Leben unten herauf. Und dann sieht man, an wackelige Brüstungen gelehnt, unten einen Freund oder ein Kind gehen, man ist versucht zu rufen, was wenig fruchtet, oder einen Stein zu werfen, was verboten ist, weil es, im Gegensatz zum Rufen, erhebliche Folgen haben könnte.

VON STEINEN, TOREN, GASSEN, STRASSEN UND PLÄTZEN

Wie soll man jenen lateinischen Satz übersetzen, den Erzbischof Sigismund von Schrattenbach 1767 ins Neutor meißeln ließ: „Te Saxa loquuntur“? Auf gut Barock-Emblematisch-Deutsch heißt das: „Dich preisen die Steine“. Wen? — Die Stadt? Den Berg? Den Erzbischof? Gott? Wahrscheinlich ist der Erzbischof selbst gemeint, jener stupsnasige Herr, der Salzburg in die Aufklärung lavierte. Sein Neutor ist ein salzburgisches Symbol. Wer von Westen kommt, fährt durch Himmelreich, reichlich erstaunt über den Hochmut der Benennung, weiter durch Maxglan, die Maximiliansvorstadt an der Glan, was einst ein bezauberndes Dorf gewesen sein muß, bis er an und durch das Neutor kommt. Ja, „Te Saxa loquuntur“! Nachdem man vorher versucht hatte, einen Steinbruchkeil in den Mönchsberg zu hauen, und feststellen mußte, daß der Berg mehr zu geben hatte als alle künftigen Bischöfe verbauen konnten, plante man einen Tunnel. Eigenartiger könnte der heutige Eingang zur Stadt nicht sein. Es ist das eines der frühesten Beispiele für einen durch Ingenieurskunst errichteten Tunnel (nur in England gibt es noch frühere Beispiele) mit herrlichen spätbarocken Fassaden und einem im ursprünglichen Querschnitt gotischen Spitzbogen. Das Niveau steigt nach Westen zu an, um mehr Tageslicht hereinfallen zu lassen, und alte Salzburger wissen noch, wie im Winter immer Schnee ins Neutor geschaufelt wurde, damit auch die Schlitten, auf denen die Bauern ihre Waren zur Schranne brachten, durchfahren konnten. Dabei erging es dem Neutor wie der ersten Eisenbahn: Man warnte vor seiner Benützung, die, vor allem bei nächtlich-weinseliger Wärme, eine todbringende Lungenentzündung verursachen könne. Vielmehr sei der Umweg über Mülln, der bis dahin üblich war, weiterhin zu empfehlen. Ganz gewiß war und ist dieser Weg — auf dem die Müllner Kirche, ebenso wie auf der anderen Seite des Mönchsbergs das Kloster Nonnberg, Tal wie Salzachufer geistlich bewacht — naturgemäßer. Gerade deshalb, weil der Weg durch das Neutor kein ursprünglicher Zugang ist, ist das, was er zu bieten hat, so überraschend: Man stößt, ans Licht tretend, frontal auf die Stadt, unvorbereitet und verwirrt. Die Verwirrung und die Orientierungsschwierigkeit sind der Preis dafür, daß man wie zum Schlaraffenland hin jenen Berg überwunden hat, dessen Stein wir überall in der Stadt wiederfinden werden. Die echte Achse der Stadt ist in Wirklichkeit die Salzach mit den parallelen Straßen und der Brükkenkreuzung. Leider besitzt Salzburg kein mittelalterliches Tor mehr, die Stadterweiterung der Gründerzeit (ab 1867) hat die letzten zerstört und damit die Geschlossenheit eines organischen Gebildes. Apropos Steine: eine salzburgische Kunstgeschichte könnte man nach ihnen schreiben und so etwas wie eine Steinsoziologie. Erst das 19. Jahrhundert hat nicht mehr begriffen, daß der Salzburger Stein mehr ist als ein Mittel, den Mangel an architektonischen Ideen zu kaschieren. Vom Konglomerat als humilem Sockelstein bis zum geschliffenen, spiegelnden Adneter Scheck gibt es so etwas wie eine symbolische Hierarchie der Anwendungsmöglichkeiten. Nach außen hin kennt das Salzburger Haus, Kirche wie Palast, nur die verputzte Mauer über dem Natursteinsockel; Rahmen, Lisenen können, ebenfalls aus einfachem Konglomerat, die architektonische Struktur geben.

Das Fenster sitzt in der vordersten Fläche, die Rahmen sind, wenn vorhanden, unauffällig, und oben schließt die Schildwand gerade. Moderne Architekten von auswärts, wenn sie hier bauen sollen, haben es schwer, dieses Prinzip zu begreifen. Sie verwechseln nämlich ihre Architektur lebloser Schachteln mit der sparsamen Ökonomie des Salzburger Hauses und fürchten, wenn sie jetzt auch noch das Fensterloch vermeiden, ganz auf Architektur verzichten zu müssen. Was aber macht das unvergleichlich Lebendige und Menschliche des Salzburger Hauses aus? Zunächst eine nicht zuletzt soziologische Tatsache. Wie die Häuser sich zusammenschließen — was auch für die Front der Residenz gilt —, wie nur durch feine Nuancen die Individualität des einzelnen Hauses sich von der des anderen abhebt, das gibt dem Bild von Salzburg seine unvergleichliche Einheit, und das konnte man nur mit feinstem Gespür für Rhythmisierung, Takt und Stil erzielen. Wie die Fensterreihen nicht starr, sondern eben rhythmisch gegliedert sind, wie die Proportionen sicher angewandt sind, das führt uns vielleicht doch auf etwas für Salzburg Charakteristisches: eine gewisse untertreibende Humilität, gepaart mit nuancierter Originalität. Der Salzburger liebt es, sich in der Uniform von Trachtenanzug und Dirndl einfach und gleich zu geben und bewahrt dabei doch die persönliche Note. Obwohl der Vergleich hinkt und oft sehr gedankenlos angewandt wurde: Ein gewisses, vorsichtig formuliert, dem Musikalischen ähnliches Element scheint hier sichtbar zu werden: Bindung an das Thema, feinste Rhythmisierungsgabe, Taktgefühl, Konservatives und eigene freie Erfindung halten einander die Waage. Obwohl die Häuser aus dem 15. bis 19. Jahrhundert stammen, unterscheiden sie sich voneinander nur durch geringe Stildifferenz. Und wie das Gesamtbild, so sollte man auch einzelne Häuser eigentlich nicht barock nennen (auch dann, wenn, wie am Mozarthaus, sparsame Rokokoornamente vorhanden sind), eher kann man von einer permanenten Nach-Renaissance sprechen, die den Salzburger Haustypus ebenso schuf wie den der Residenz. Renaissancehaft ist auch das, was sich in den Durchhäusern und hinter unscheinbaren Toren und Vorhäusern unvermittelt auftut: herrliche Arkadenhöfe, genauso intim wie von urbaner Konzilianz, durchgehbar, keine großen Höfe, aber ebenso schöne wie praktische Kommunikationsmittel. Der Fremde kann zwar nicht wissen, vielleicht aber ahnen, daß Salzburg ursprünglich in einem gewissen Sinn eine äußerst moderne Stadt war. Die heute so beliebte Eigentumswohnung scheint hier erfunden worden und seit Jahrhunderten üblich gewesen zu sein: Man konnte nämlich einzelne Stockwerke einzeln vererben oder verkaufen, was dieses immer wieder so auffallende Bild des Human-Kommunikablen am Salzburger Haus zum Teil erklärt. Diese Modernität Salzburgs hängt wieder zusammen mit einer alten politisch-sozialen Struktur. Ganz im Gegensatz etwa zu freien emanzipierten Reichsstädten ist die Bürgerstadt nur ein Teil der ganzen Stadt und ihr Symbol, das Rathaus mit Turm, nicht gerade überwältigend. Dem sehr homogenen bürgerlichen Komplex steht die vornehme Stadt der Domherren, des Kapitels, gegenüber: der Hof der eng an Salzburg gebundenen Bischöfe von Chiemsee, die Kanonikalhöfe und die Domdechantei, alle anschließend an Wolf Dietrichs Palast, den Neubau (ab 1588). Sie bilden zusammen mit den vornehmen Häusern der hohen Geistlichkeit ein eigenes Viertel, in dem eine ganz andere Luft zu wehen scheint als in der Kaufmanns- und Handwerkerstadt, die sich einst vom Waagplatz bis zur Gstätten erstreckte und auf der anderen Salzachseite einen Brückenkopf hatte. Und wie die Straßen, so unterscheiden sich auch die Plätze voneinander. Die Plätze Wolf Dietrichs, Domplatz, Residenzplatz und Kapitelplatz, sind anders als die bürgerlichen, der Waagplatz, die frühere Schranne mit dem Gericht, und der Alte Markt. Die einen sind radikale Usurpationen des

Räumlichen, Atrium des Doms und Vorplatz der Paläste, die anderen eigentlich Straßenerweiterungen. Schon die Namen sagen alles. Die fürstlichen Plätze heißen nach den Anwohnern, ob Gott oder Domkapitel. Die bürgerlichen Plätze nach dem, was auf ihnen verkauft wurde. So hieß der kleine Kranzlmarkt bis zum 16. Jahrhundert Eiermarkt, dann Prein- also Hirsemarkt, dann, im 18. Jahrhundert, Hennenmarkt, wie der Waagplatz zunächst auch Alter Brotmarkt hieß und die Linzer Gasse zum Teil Ochsenstallplatz. Wenngleich man auch wieder vorsichtig sein muß mit den scheinbar greißlerischen Straßennamen. Der Gries der danach benannten Gasse ist wie eine Gstätten ein Schwemmufer, das Getreide der berühmten Gasse kommt wohl her von „trabig" = schnell, geschäftig. Die Getreidegasse, zusammen mit Gold- und Judengasse, die eigentliche Achse der Salzburger Bürgerstadt — einst von einem Tor zum anderen führend — ist wie der leichtgewundene Gang zwischen zwei nahe aneinandergerückten langen Stellwänden von der bezaubernden Unwirklichkeit einer Kulisse. Front schließt hier an Front, so daß ein Zusammenhang entsteht, den keine andere Straße der Welt besitzt, nicht unterbrochen von Fassaden, sind es eben nur Wände, die sich zu einem Band schließen. Es gibt keine Fensterhöhlen, das Glas liegt in der vordersten Wandebene und man selbst gerät dadurch den Bewohnern dieser Häuser ganz nahe. Unten gibt es Öffnungen zu den Höfen, zu anderen Straßen hin. Berühmt sind die Schilder der Getreidegasse, obwohl sich darunter viel neuer Kitsch findet. Leider ist ein Teil der Erdgeschosse durch falsche Verblendungen und falsche Fenster verunstaltet. Darin zeigt sich ganz deutlich, wie sehr gerade das natürliche Verhältnis zum Salzburger Stein verloren gegangen ist. Der Konglomerat wird falsch zu feinsten Verblendungen geschnitten und der Marmor wie ein Aluminiumrahmen eingesetzt.

Wohin soll man aber gehen, wenn die Getreidegasse in der Saison beinahe von ihren Besuchern gesprengt wird? Nun, da gibt es einmal das Kaiviertel, wenn man nicht zu spät aufsteht, etwa an einem Sonntagmorgen. „Gehai“ als Ufer wird schon im 12. Jahrhundert der Straßenzug genannt, der vom Mozartplatz gewunden zur Kajetanerkirche läuft, wo dann die Altstadt mit dem Justizgebäude aus der Gründerzeit (das sich von Wien hierher verirrt hat) endet. Die Pfeifergasse muß man empfehlen, mit ihren vielen alten Häusern, in deren einem einst Paracelsus wohnte, oder die Basteigasse oder jene schmalen Gassen, die schon zum Berg hinauf führen, die Bierjodlgasse (der Stier heißt hier „Jodl“) oder die Herrengasse, die nach den hier wohnenden Domherren benannt ist und früher auch Pfaffengasse hieß. Fast jedes Haus hat noch sein altes Gesicht bewahrt und mit ihm eine eigene Geschichte, und die Straßen sind von urbaner Traulichkeit. Anders dann schon die Steingasse entlang dem anderen Salzachufer, einst das Armeleutequartier, wo das Wasser aus dem Fels in die Zimmer rann und wo man auch heute noch von der Straße aus mit der Tür ins Haus fallen kann, wo die Häuser der anderen Straßenseite bei Hochwasser überschwemmt waren und noch im 19. Jahrhundert an einem stinkenden Altwasser lagen. Das unheimliche Salzburg ist zwar saniert, aber hier ist noch überall jener Schatten spürbar, den die Felswände und die Geschichte über die Straßen warfen. Eine heile Welt war Salzburg nie. Der Bauernkrieg, ständige Auseinandersetzungen zwischen Bürgertum und Fürstbischöfen, Naturkatastrophen, Bergstürze und Überschwemmungen, Bomben und schließlich der Zusammenbruch des Alten und die Verprovinzialisierung Salzburgs im 19. Jahrhundert, sie haben Spuren hinterlassen und die Stadt geprägt. Aber Salzburg zeigt nicht wie andere Städte seine Narben. Salzburg spielt eine Rolle, ähnlich dem Gastwirt, der zum Renommee seines Hauses noch ein Letztes tut und seine Gäste im Trachtenanzug begrüßt. Er weiß, was von ihm erwartet wird, und er enttäuscht diese Erwartungen nicht und es gefällt ihm auch. Ein bißchen Theater steckt dahinter, gleichzeitig aber auch der treuherzige Wille, Freude zu machen. Und dazu ist Salzburg ja in der Lage. Salzburg ist unpathetisch, offenherzig naiv sogar, unfähig ironischer Boshaftigkeit, und es spielt gleichzeitig gerne Theater. Es zeigt sich als Kulisse, sei es in der Felsenreitschule, im Festspielhaus oder im grandiosen Steintheater in Hellbrunn. Wobei man überall sagen könnte „Te Saxa loquuntur“ — unsere Kulisse ist der Stein.

Das Unpathetische und zugleich Freundlich-Theatralische Salzburgs (auch der Stadt und der Berge, nicht nur der Salzburger und Neusalzburger) äußert sich beispielsweise im Verhältnis der Stadt zu ihren Denkmälern. Daß man Mozart eines setzte (von Schwanthaler, 1842) ist selbstverständlich. Nachdenkenswert dagegen ist schon, daß das erste Schillerdenkmal Österreichs hier errichtet wurde (von Meixner und Fernkorn, 1859) und zunächst im Garten von Karl Baron Schwarz stand, bis man es in dem Garten hinter der Kollegienkirche aufstellte. Sonst aber sind Brunnen Zierde der Stadt oder Gartenskulpturen, die immer wieder herumgerückt wurden. Anstelle eines Erzbischofs steht da der „Wilde Mann“ (1620) als Fischbrunnen heute gegenüber dem Festspielhaus, der ursprünglich an der Salzach stand. Der Pegasus im Mirabellgarten (von Kaspar Gras, 1661) sollte zunächst auf den Kapitelplatz kommen. Die Erzbischöfe verewigten sich in ihren riesigen steinernen Wappen, die sie jeweils schon zu Lebzeiten an ihren Bauten anbrachten. Der Erzbischof, der sich nicht selbst verewigte, und zwar durch den Ruhm der Baukunst, erhielt von seinen Nachfolgern kein Denkmal gesetzt.

Standbilder machen sich nicht gut in Salzburg, Brunnen dafür umso besser.

9

DIE ERHARDKIRCHE steht in Nonntal, der alten Vorstadt im Süden unterhalb der Festung.

R. Dapra

10

DIE FRANZISKANERKIRCHE: Das steile Dach der ehemaligen Salzburger Pfarrkirche deckt den herrlichen spätgotischen Hallenchor mit dem barocken Hochaltar Fischers von Erlach.

11
DER ALTE MARKT weist noch viele alte Fassaden und Geschäftsfronten auf; das Café Tomaselli steht hier und die Alte Hofapotheke mit ihrer spätbarocken Einrichtung.

15
BÄCKEREI
KLAFFACHER
ANSICHTS - KARTEN
ANSICHTSKARTEN
PAPIER- WAREN
PHILATELIE
Papierwaren
Reiseandenken
SOUVENIRS
FRISEUR
Juwelen Aden
R. Dapra

12
DER FESTUNGSWEG: Eine Etage tiefer schmiegt sich das Stift Sankt Peter mit der Kirche und dem Friedhof an den Berg.

R. Dapra

13
DER „LÖCHLBOGEN“, einer der vielen Durchgänge in der engen Altstadt, der direkt auf Mozarts Geburtshaus zuführt.

Mozarts Geburtshaus
EULENS
F. Steinböck Uhre
FRANZ RAUDAS
Emmentaler
Edamer
Mondseer
KÄSE
BUTTER
EIER
Gorgonzola
Parmesan
Brimsen
Frischer
Gervais
Milch
Topfen
Käse
Butter
Eier
Rahm

14
SALZBURGER DÄCHER: Die charakteristischen Grabendächer bilden eine eigene Landschaft.

R. Daprà

15

WEG ZUR FESTUNG: Tore, mächtige Mauern und Bastionen bewachen den Aufgang zur Festung Hohensalzburg.

16
DER PETERSFRIEDHOF, schon in römischer Zeit Grabstätte, erhielt im 17. Jahrhundert die umgebenden Arkaden und beherbergt in seiner stimmungsvollen Abgeschlossenheit herrliche alte Grabkreuze und Grabsteine.

R. Dapra

VON FLÜSSEN, BRÜCKEN, BRUNNEN, BÄCHEN UND SEEN

Salzburgs Brücken sind häßlich. Die sogenannte Staatsbrücke, die Hauptverbindung der beiden Ufer, scheint an ihrem jetzigen Platz endlich zur Ruhe gekommen zu sein, nachdem sie seit römischer Zeit von ihrer ursprünglichen Lage am Waagplatz immer weiter flußabwärts rückte. Schöner ist sie dadurch nicht geworden, weder das eiserne Ungetüm von 1876 noch der Neubau von 1941.
Für die Benutzung der beiden Stege, Mozart- wie Makartsteg, mußte man einst Maut bezahlen, trotz der Häßlichkeit ihrer Eisenkonstruktion. Ungeachtet späterer statischer Eingriffe schwankt der Makartsteg noch heute wie die Brücke von San Luis Rey.
Salzburgs Verhältnis zum Eisen ist gestört, sonst wäre es auch nie zum Bau jenes Aufzugs auf den Mönchsberg gekommen, der ab 1890 zum Aussichtsrestaurant hinaufführte und als freie Konstruktion vor der Wand lag, wobei der, der der Aussicht wegen hinauffuhr, den Lift ja nicht sehen mußte. Später wurde er ins Berginnere verlegt.
Ihre Brücken unter Wasser zu setzen, versuchte die Salzach öfter — zuletzt 1899, als das ganze Tal zu einem einzigen See wurde; aber die fortschreitende Regulierung und Grundwassersenkung haben den Fluß gezähmt, allzu sehr gezähmt. Hier erfolgte die einschneidendste Veränderung der Altstadt. Wir müssen uns vorstellen, daß

die Salzach nicht nur höher und breiter war und neben Häusern und Ufergärten dahinfloß, sondern auch lebendiger Schauplatz und wichtigster Handelsweg, der Pletten, Floße und Zillen trug.
Die Verbissenheit, mit der man im vergangenen Jahrhundert an dem Plan festhielt, trotz sinkenden Wasserspiegels auf der Salzach eine Dampfschiffahrt einzurichten, hat heroische Züge, aber die neue Technik scheiterte hier an sich selbst.
Der Stein, aus dem Salzburg sich erschuf, hatte im Wasser seinen Widerpart und im Holz seine Hilfe: Die Floße waren aus Holz, so kam es her, dann die Schiffe, die Brücken, die Stege, die Balken, die hier naturgemäß Baum heißen, die Zäune, die Geländer — kurz, das Vegetabilische als Konstruktion vereinigt sich wieder mit der Natur des Steins.
Nicht zuletzt wurde auf der Salzach Torf, „Bieramoos", transportiert. Daß auch dieser Torf etwas mit Kunst zu tun haben kann, dafür erbringt Salzburg den Beweis. Ein Schottenmönch, Pater Bernhard Stuart aus Regensburg, Professor der Mathematik, erbot sich bei Erzbischof Firmian, das Moos zum Untersberg hin urbar zu machen, falls er den Torf auf eigene Rechnung abbauen dürfe. Die Rechnung ging auf, Pater Stuart wurde reich und das Salzburger Land dadurch trocken. Mit dem Pater zog eigentlich die neue aufklärerische Technik in Salzburg ein; er entwarf und reparierte nicht nur die Uhren des Erzbischofs, er zog auch Kanäle und Dränagen um die Stadt, die zu einem guten Teil von Moor umgeben war. Schallmoos (das „schale Moor"), war schon früher, unter Paris Lodron, trocken gelegt worden, die Gegend um Leopoldskron, zum Untersberg hin, wurde nun saniert, und man erkennt diese neuen Ländereien an den schnurgeraden Straßen, die zunächst auf den Dämmen über dem „wilden Moos" angelegt wurden.
Der Weiher vor dem Schloß Leopoldskron, das der Erzbischof ab 1736 für seinen Neffen Laktanz ebenfalls von Pater Stuart erbauen

ließ, ist, wie vieles in Salzburg, das Ergebnis von sachlicher Ökonomie, die sich mit Kunstsinn paarte. Er entstand im Laufe der Moortrockenlegung und wurde zu einer der schönsten Stellen Salzburgs. Der Prospekt über den See zum Schloß hin und zum inzwischen verwilderten Garten, die Inseln, Enten und Schwäne, das Jahr über die Angler und im Winter die Eisstockschützen — all das vor der Kulisse des langgestreckten Mönchsbergs mit seinen Mauern und Türmen zwischen den Bäumen und endlich der Festung, dieser Anblick im wechselnden Licht der verschiedenen Jahres- und Tageszeiten —, er gehört zu den schönsten überhaupt. Ganz nahe der Stadt, nur durch den Berg von ihr getrennt, glaubt man ihr manchmal ganz fern und in tiefer Einsamkeit zu sein, hinter den hohen Schilfwiesen bei den Weihern von St. Peter mit den überfütterten Wasservögeln etwa oder auf den schmalen Uferwegen, die dem Almkanal folgen.

Dieser Wassergraben ist eine ganz erstaunliche Anlage, ein schon im 12. Jahrhundert erbauter echter Kanal, der erhebliche Niveauunterschiede überwindet, um von der eigentlichen Alm, einem Abfluß des Königssees, wo er am Hangenden Stein abgezweigt wurde, nach Salzburg zu gelangen, sich hier zu teilen in Brunnenläufe für die Festung und die Stadt und in Mühlbäche, die in der Riedenburg und in Mülln die Räder trieben. Das Wasser läuft oft hoch über dem jetzt trockenen Moos und über den Straßen, so daß der überraschte Spaziergänger sich holländischer Erinnerungen nicht erwehren kann. Man stelle sich auch vor, daß früher, etwa beim Festspielhaus, in dem unter dem Berg in einem Tunnel hereingeführten Wasser, noch Wäsche gewaschen wurde. Am Ausgang des Petersfriedhofs zum Kapitelplatz, wo Frater Chuniald in der Klosterbäckerei sein Brot verkauft, rauscht der Bach, der hier den Berg verläßt, um kurz darauf wieder unter der Stadt zu verschwinden.

So, wie Salzburgs Landschaft eine eigenartige Mischung ist von geologischer Bewegung und Stagnation, plötzlichen Erdbewegungen und tiefster Ruhe des Moors in der Ebene, so ist es auch mit dem Salzburger Wasser. Es gibt die stillen Wasser als Ausgleich zur festlichen Hektik der künstlich aus dem Gebirge geholten Kanäle. Der Leopoldskroner Weiher, die Fischteiche von Sankt Peter, versteckt hinter hohem Schilf, moorige Tümpel in der ganzen Umgebung bis zu den Seen hin — sie sind die ruhigen Flächen einer ökonomischen Beschaulichkeit. Man freut sich, wenn sie zufrieren, denn dann kommt die Zeit des Karpfenessens und des Eisstockschießens. Enten, Gänse, Schwäne, sogar gelbzahnige Biber bevölkern die Teiche. Salzburg hat sich mit Stein und Wasser arrangiert. Der immer wieder apostrophierte Regen zählt schließlich auch dazu, und zum Konglomeratstein scheint zu gehören, daß er feucht und tropfend ist, sei es über dem Festspielhaus oder im Felsenkeller oder in den Weinkellern im Rainberg — der Stein ist Salzburgs Substanz, der Boden ist unsicher, das Wasser von oben und unten naturgegeben, und beides wird als Kunstmittel eingesetzt.
Vom Hellbrunner Wasser schrieb einst der Sekretär des Bayernchurfürsten, es sei heller als Glas, klarer als Kristall und durchsichtiger als selbst der Himmelsschein. Daß Markus Sittikus in Hellbrunn eine Villa nach italienischem Muster mit italienischen Wasserspielen à la Tivoli schuf, ist Zeugnis einer für Salzburg recht bezeichnenden starrsinnigen Phantasie, die konsequent übersieht, daß Salzburg nicht in Italien liegt, daß hier das Wasser sowieso in Mengen von oben kommt und daß Scherze wie die der Wasserdüsen unter den Sitzen um den steinernen Tisch (mit Ausnahme des Hockers für den Erzbischof selbst) übertrieben sind, daß Wasser, sadistisch von unten auf die Hose gespritzt, in Salzburg zuviel des Guten, bzw. des „wäßrigen Elements“ ist. Die Eigenart des Hellbrunner Gartens mit seinen Fischteichen, Grotten und

Wasserspielen ist damit jedoch nicht erfaßt. Die manieristische Spätrenaissance mit ihrer Vorliebe für Grottenwerk, für künstliche Wasserführung und dünnes Gespritze hat hier eine geradezu ideale Stelle gefunden, weil, wie in der Stadt auch, der Konglomeratstein eben Grottenstein ist, dem Wasser verwandt, Nymphenherberge (selbst wenn diese hier eigentlich nur im Dirndl vorstellbar sind), Vermählung der salzburgischen Ursubstanz mit dem Wasser, dem anderen Urelement.

Johann Stainhauser, von dem es eine „Beschreibung des hochfürstlichen überaus fiertröflichen Lust-Orts Hellebrunn genannt" (1619) gibt, scheint das Problem und auch das Eigenartige Hellbrunns erkannt zu haben, wenn er davon schreibt, daß „zuvor allda nichts anders als der Perg mit einer engen und nit so hochen Mauern umbfangen war, darinnen allain zwen Weyer mit Förchen und Salmbling, auch etliche Stuck Dändl, deren ein Jäger in einem schlechten Heisl wohnendt, gewardet, sich befunden." Der beinahe fließende Übergang von der Salzburger Natur zur Salzburger Kunst hat in seiner metamorphosehaften Verwandlungsgeschwindigkeit geradezu mythische Züge.

Das Steintheater, zunächst Steinbruch im Hellbrunner Hügel, dann von Markus Sittikus als Bühne benützt, durch eine herrliche Fußwanderung erreichbar, vermählt sogar beide Elemente mit einem dritten, dem poetischen — und das ist Salzburg: Die Geburt des Poetischen und des Musikalischen aus der Grotte, dem, was in Italien Nymphäum genannt wurde. Es ist insofern eine Steigerung des Südlichen, als diese Grotten hier die Stadt von Natur aus umfangen und nicht einmal gebaut werden müssen. Allein seiner Brunnen wegen Salzburg als italienisch zu bezeichnen, geht nicht an. Das alte Nürnberg zum Beispiel war nicht weniger geschmückt durch diese schönste Möglichkeit, Kunst und Notwendigkeit, Zier und Pläsier miteinander zu verbinden. Von Augsburg ganz zu schweigen, dessen Renaissancebrunnen eingestandenermaßen die schönsten nördlich der Alpen sind. Der Salzburger Residenzbrunnen allerdings, von Erzbischof Guidobald Graf von Thun (ab 1656) errichtet und unter der Leitung von Giovannantonio Dario ausgeführt, ist gewissermaßen ein Enkel der römischen Brunnen Berninis, wenn er auch, verglichen mit den römischen Verwandten, provinziell wirkt; er besitzt zwar die wichtigsten Bestandteile eines römischen Brunnens, den Kandelaberaufbau, mehrere Schalen, einen gebirgigen Sockel, tragende Figuren und wasserspeiende Tiere, doch die Zuordnung aller dieser Elemente untereinander ist ungeschickt. Das „fröhliche Wasser römischer Tage“ fließt hier, moderato und mehr naturgemäß, als ob Regen mit Brunnenwasser sich mischte. Doch es fließt. Manchmal, wenn Böen über den Platz hinwegfegen, so daß das Wasser aus den tiefliegenden Wolken und das des Residenzbrunnens sich zu einem windbewegten Schleier vermengen, möchte man Salzburgs wasserspeienden Tritonen und Brunnenpferde für deplaciert halten, dann aber auch wieder für eines jener resistenten Vorhaben, durch das Kunst sich ja immer auszeichnet. Weil der Mönchsberg selbst keine Quelle hat, muß auch der Residenzbrunnen sein Wasser aus der Alm beziehen. Ein eigenes Brunnenhaus bei Leopoldskron stellt schon seit dem 17. Jahrhundert den nötigen Druck her, bevor das Wasser auf geheimnisvolle Weise den Berg durchfließt.

Der Residenzplatz ist heute Teil der Fußgängerzone im Gegensatz zur anderen Seite des Doms, die, dem Domkapitel zugekehrt, davon ihren Namen hat und statt eines Brunnens von einer Pferdeschwemme geschmückt wird, und das ist etwas sehr Salzburgisches. Wie sonst nur noch in Wien, so wurde in Salzburg zeitweise mit den Pferden ein Kult getrieben. Das heutige Große und das Kleine Festspielhaus waren einst der riesige Marstall Wolf Dietrichs, der Platz für 130 Pferde bot. Dann wurden die Sommer- und die Win-

terreitschule eingerichtet. Die erstgenannte, aus dem ausklingenden 17. Jahrhundert, ist wieder eine typische salzburgische „Maulwurfsidee“: In den Fels gehauene Galerien machen aus dem Reitzeremoniell ein Theatrum mit Logen, aus dem feuchten Stein gehauen gleich den benachbarten Katakomben über St. Peter. Fischer von Erlach hat eine Fassade geschaffen, worauf wieder ein Pferd zu finden ist, als Attribut des Erdteils Europa. Pferde en masse finden wir auf den Deckenbildern der Winterreitschule von Johann Michael Rottmayr und Christian Lederwasch, wo ein sogenanntes „Türkenstechen“ dargestellt ist, eine reiterliche zeremonielle Belustigung. Salzburgische Urelemente haben hier zusammengefunden, Stein, Wasser und die Leidenschaft zum Theater und zu Pferden. Pegasus, das Flügelpferd, aus dem Blute der Medusa geboren, von Bellerophon gezähmt und doch wieder nicht ganz gezähmt, denn es warf ihn ab, bei dem Versuch, den Olymp mit seiner Hilfe zu erfliegen, Pegasus ist ein Salzburger Symbol. Der von Guidobald Graf von Thun gestiftete und aus Blech gehämmerte Pegasus des Kaspar Gras, jetzt im Mirabellgarten aufgestellt, stand einst auf dem Kapitelplatz, dort, wo der Almkanal hervorkommt. Die Bellerophon-Pegasus-Affäre finden wir im Mittelfresko der Pferdeschwemme vor dem Neutor neben anderen Pferdedarstellungen wieder. Heute hat sich die salzburgische Vorliebe für die Rösser mit vielen Reitställen an die Peripherie verlegt, während in der Innenstadt nur noch die Brunnen und das Festspielhaus mit der Felsenreitschule an diese Passion erinnern — und vielleicht die vielen Fiaker mit ihren zahmen Kutschpferden, die ihren Standplatz auf dem Residenzplatz, in Nachbarschaft der wasserspeienden Brunnenpferde, haben.
Die Pferdeschwemme am Neutor — ihre Figuren standen einst anders ausgerichtet, nämlich zum Portal des Marstalls hin —, sie war nichts anderes als der kunstvolle Rahmen zur Notwendigkeit

des Pferdewaschens. Michael Bernhard Mandls „Rossebändiger“, die Pferdefresken Josef Ebners, der künstliche Teich mitten in der Stadt, all das ist so eigentlich salzburgisch: die naturhafte Notwendigkeit, zur Kunst erhöht.
1732 übergab Leopold Anton Eleutherius Freiherr von Firmian auf dem Kapitelplatz die andere Schwemme seinen Domherren, die offensichtlich auch gerne ritten. In einer von Pilastern flankierten Nische steht Neptun (von J. A. Pfaffinger), getragen von seinem Meeresroß, vor sich den Spiegel eines kleinen künstlichen Teichs, ein selbstgefälliges Kunstwerk heute, da doch nur Automobile herumstehen. Gewiß im Kalkül war, daß genau in der Achse hinter der Kapitelschwemme die Festung aufragt, wie es überhaupt salzburgisch zu sein scheint, in diesem kleinen Welttheater aus Stein und Wasser Kulissen zu errichten, dergestalt, daß sie die Natur als Prospekt in dieses Theater miteinbeziehen.

VON GROSSEN UND KLEINEN GÄRTEN

„Wo im Schatten herbstlicher Ulmen der verfallene Pfad
hinabsinkt,
Ferne den Hütten von Laub, schlafenden Hirten,
Immer folgt dem Wanderer die dunkle Gestalt der Kühle“

Georg Trakls Gedicht „Am Mönchsberg“ beschreibt jene heimliche Unheimlichkeit Salzburgs, da alles Menschliche so nah beisammen ist und doch in der Nähe von Stein und Wasser die fremden Mächte sich verbergen und die dunkle Gestalt der Kühle.
Nicht zuletzt der Schatten des Steins, er stellt auch den Salzburger Gärten nach. Das Klima ist günstig, das Tal geschützt gegen die Winde, die Moorerde fruchtbar, aber der wandernde Schatten fängt schnell das Blühen der Gärten ein. So sind die Salzburger keine sehr großen Gartenkünstler geworden in jenem kurzen Schritt von der Sommerheiterkeit zur Schattenmelancholie. Lieber hilft man der Natur etwas nach und arrangiert sich mit Wasser und Stein.
Gewiß gibt es die schönen fürstlichen Gärten und manch verborgenen privaten, liebevoll gepflegt, aber immer sind diese Gärten entweder in ihrer Perspektive auf die Landschaft ausgerichtet oder dieser Landschaft gleichsam abgezwungen.

Dabei gibt es Barockgärten, Landschaftsgärten des 19. Jahrhunderts, Biedermeiergärten — sie alle aber haben in Stadt und Landschaft ihre Kulisse.
Ein typisches Kuriosum ist der Englische Garten um Schloß Anif. Ein altes Wasserschloß des Johann Ernst Graf von Thun, dann Sommerresidenz der Bischöfe von Chiemsee, deren letzter, Graf Zeil-Trauchburg, einen Englischen Garten anlegte, während später noch Graf Arco-Stepperg das Schloß romantisch-neogotisch umbauen ließ. Südlich von Salzburg, hinter dem Hellbrunner Hügel, steht das Schloß in einem kleinen See, ringsum künstlich-kunstvoll arrangierte Baumgruppen, Perspektiven, Wiesen und schließlich als Hintergrundskulisse die Berge, darunter der Watzmann — einmalig all das insofern, als es hier für den Englischen Garten eine Bergkulisse gibt.
Ähnliches gilt für den Tiergarten bei Hellbrunn, der wirklich nicht zu den größten seiner Art gehört, dafür aber doch einmalig in seiner Anlage ist — eine andere Art von Steintheater, an den Fels geschmiegt, ihn als Kulisse benützend. Und wenige Tiergärten haben dazu eine Geschichte, die bis ins 15. Jahrhundert zurückreicht, als hier schon exotische Tiere, die meist als Geschenk anderer Fürsten kamen, gehalten wurden.
Die allgemeine österreichische Neigung zu surrealistischen Effekten hat selbstverständlich eine salzburgische Variante. Sie entsteht in jenem Grenzbezirk von Österreich und Bayern und einer gleichzeitigen Bindung an Wien. Bierkeller und Kaffeehäuser sind nahe beisammen. Das Café Bazar, eine orientalische Orgie der Jahrhundertwende, wie auf einer Weltausstellung gekauft und nach Salzburg verfrachtet, grüßt über die Salzach hinweg zum Augustinerkeller in Mülln hinüber, und es ist genauso irreal, wie wenn über den Hellbrunner Hügel Papageien fliegen. Auch Geier läßt man dort im Tiergarten frei herumfliegen, die sich daran gewöhnt

haben, zum Untersberg hin, aber ebenso auch wieder zurück zu schweben. Eine Stadt, die so charakteristisch ist wie Salzburg, so sehr aus den natürlichen Gegebenheiten gewachsen, sie ist besonders anfällig für die exotischen Effekte eines Café Bazar oder der Tierparkdromedare vor Hellbrunn. Dabei ist nicht zu übersehen, daß das Sammeln von exotischen Tieren eine erzbischöfliche Tradition ist und Erbe jener Sammelleidenschaft und des Hangs zu Kuriositäten, die Wolf Dietrich und Markus Sittikus pflegten. Das Glockenspiel im Turm über dem Neubau, von Johann Ernst Graf von Thun in Holland gekauft (aus seinem Gewinn bei der Ostindischen Handelskompanie), gehört ja letztlich auch in diese Reihe der Effekte, die aus der Enge einer kleinen Stadt in den Voralpen ein Theatrum mundi machen, wo die bunten Papageien des Amazonas über die Bühne fliegen, Amsterdams Glocken läuten, Hofmannsthals „Jedermann" den Domplatz besetzt, die einheimische Tracht, wie Erich Kästner meint, zur theatralischen Kostümierung wird, und Salzburgs Architektur wie italienischer Import wirkt.

Wir sind etwas vom Thema abgekommen. Ursprung von Park und Schloß Hellbrunn, dort, wo tatsächlich eine Menge heller Brunnen fließen, war ein Tiergarten. Jetzt ist der große Garten nicht nur einer der schönsten überhaupt, sondern auch einer der interessantesten. Die Stile der Gartenkunst gehen hier ineinander über: Die manieristischen Überraschungen der Wasserspiele, erreichbar über einen gewundenen Weg, schließen an ein großes Parterre aus dem 18. Jahrhundert mit steingerahmten Teichen und schnurgeraden Achsen an, während die Peripherie und den Bereich um das Monatsschlößchen ein Englischer Park aus dem 19. Jahrhundert einnimmt. Die salzburgische Denkmalfeindlichkeit hat eine der Statuen sogar hierher versetzt: Nachdem in den Kaisertagen von 1901 vor dem „Hotel de l'Europe" im Beisein Franz Josephs feierlich eine Statue der Kaiserin Elisabeth enthüllt worden war, die dann nach 1918 vor den Anarchisten in einem Holzverschlag versteckt werden mußte, stellte man das weißmarmorne fade Standbild schließlich im Hellbrunner Park auf. Besser stünde es auch heute noch beim Bahnhof, wo die reisewütige Sissy zwischen zwei Zügen spazierenging, um Österreich für immer zu verlassen. Die Salzburger Denkmalsverdrängung hatte wieder einmal ein Opfer gefordert. Auf dem Hellbrunnerberg steht das Monatsschlößchen des Markus Sittikus. Angeblich soll es 1715 in der kurzen Frist von einem Monat auf Grund einer Wette mit Erzherzog Maximilian von Tirol entstanden sein. Tatsächlich hatte der Erzbischof nach der Rückkehr von einem Besuch sofort alle Maurer des Gerichtsbezirks in den Tiergarten beordert. Die Bauleidenschaft, der „Bauwurmb", hat in und um Salzburg nicht nur Schlösser hinterlassen, sondern auch Gärten in architektonischer Gestaltung. Was sie fast alle auszeichnet, ist das Kalkül der Perspektive und der Verbindung zur Landschaft hin. Sogar in Klesheim ist das so. Schon gegen Bayern zu und im Flachland ist die Achse von Schloß und Garten auf den Müllner Kirchturm hin gerichtet, dorthin, wo Salzburg gleichsam um die Ecke schaut. Dieses Schloß, ab 1700 von Fischer von Erlach für Johann Ernst Graf von Thun erbaut, ist das am wenigsten salzburgische insofern, als es gleich dem größeren Versailles ein Fixpunkt in einem Achsenschlag ist, usurpatorische und geometrische Konstruktion.

Salzburgs Gärten sind wie die anderer Städte entstanden: als Lustgärten und Parks vor den Mauern der Stadt, um Schlösser und Lusthäuser; als Hausgärten innerhalb der Stadt, und erst seit dem 19. Jahrhundert als Parks dort,wo hier wie fast überall die Mauern und Bastionen eingeebnet wurden. Diese Zone ist meist daran erkennbar, daß hier die Eisenbahn hereinführt und der Bahnhof errichtet wurde oder ein Kurhaus, das oft nicht viel anders aussieht.

In Salzburg bedurfte es der ausdrücklichen Genehmigung des Kaisers (1860), die Fortifikationen Paris Lodrons abzubauen (sie waren ja immer noch Befestigungen), und dann entstanden auch hier rechts der Salzach Bauten der Gründerzeit mit Mietshäusern, dem Kurhaus, einer Schwimm-Bade- und Turnanstalt, der neogotischen Andräkirche und dem Bahnhof anstelle des „Fortifications-Rayons". Da gibt es auch noch den kleinen „Basteigarten", wo heute das Gartenhaus aufgestellt ist, in dem Mozart „Die Zauberflöte" komponierte und das man aus Wien nach einem Umweg über den Kapuzinerberg hierher verfrachtete (1875). Nach Meinung der Salzburger sind es die Wiener gar nicht wert, ein Andenken an Mozart zu besitzen. Ihnen sogar eine Gedenkstätte abgeluchst zu haben, ist eine typisch salzburgische Idee, wo man immer schon keinerlei Zweifel an der Möglichkeit des Importierens und Transportierens hatte, ob es sich nun um Salz, um Ideen, um Kapellmeister oder um Häuser handelte.
Hier in der Nähe steht auch der schöne Jugendstilbau des Mozarteums. Davor fällt einem wieder eine jener Geschichten von der salzburgischen Denkmalfeindlichkeit ein: „Als für das Mozart-Denkmal bereits 21.000 fl. beisammen waren und man eben Anstalten zum Bau desselben machen wollte, unterbrach eine sonderbare Idee der Frau Etatsräthin von Nissen, verwitwete Mozart, dieselben. Die verehrte Dame sprach nämlich den Wunsch aus, man möge von dem Geld ein Conservatorium in Salzburg bauen . . . Das Comitee sah sich über diese Idee in die Situation versetzt zu warten, bis Frau von Nissen das Zeitliche gesegnet habe werde". So schrieb die Zeitung. Nun, sie, die Frau Mozart, segnete das Zeitliche vor der Fertigstellung des Denkmals, die sich verzögerte, da man bei den Fundamentierungen auf ein römisches Fußbodenmosaik stieß, und schließlich gab es dann ein Denkmal und ein Konservatorium.
Aber wir sind bei den Gärten stehengeblieben und ganz in der

Nähe des Mirabellschlosses. Die Salzburger Manie, nicht nur Denkmäler, sondern auch Statuen so lange herumzuschieben, bis kein Mensch mehr weiß, wo sie hingehören, hat auch den Garten dieses Lusthauses verändert. Das Schloß, 1606 von Wolf Dietrich für seine Mätresse Salome Alt erbaut, Altenau genannt, hat durch den Nachfolger Markus Sittikus den unverfänglicheren Namen Mirabella erhalten und wurde ab 1721 unter Franz Anton Fürst von Harrach von dem berühmten Lukas von Hildebrandt zu einem Rokokoschloß mit entsprechendem Garten umgebaut. Der Stadtbrand von 1818 hat viel zerstört, etwa den Turm über dem Eingang, so daß das Schloß heute mehr die rekonstruierende Phantasie als das genießende Auge strapaziert. Anders ist es mit dem Garten, der seit Johann Ernst Graf von Thun durch Fischer von Erlach und später, in der Mitte des 18. Jahrhunderts, gestaltet und umgestaltet wurde. Mirabella, auch über dem Gelände eines Tiergartens erbaut, einst am Rande der Stadtbefestigung gelegen, ist heute mit seiner barocken Achse auf die Domtürme und die Festung ausgerichtet. Der blechgehämmerte Pegasus ist hier, nach mehreren Stationen der Herbergssuche in der Stadt, zur Ruhe gekommen, und hier stehen auch die Darstellungen der vier Elemente von der Hand des Ottavio Mosto (1690) und am Eingang, in derselben Achse, gleich vier „Borghesische Fechter", allerdings ohne Degen, aber in der berühmten Ausfallstellung, die infolge eben des Fehlens von weitreichenderen Waffen wie linksauslegende Boxer aussehen, die der Ringrichter bald ermahnen wird, doch endlich zu kämpfen. Noch kann der Besucher zwischen beiden ungehindert, wenn auch mit dem Gefühl, sich ducken zu müssen, den Garten betreten. Was man betritt, ist ein sorgsam umgrenzter Bereich (mit Balustraden und schönen Steinvasen, Hecken und Bäumen), gar nicht groß, aber ein intimer Raum für Skulpturen und Blumen. Das Heckentheater mit seinen Kulissen aus kunstvoll gestutzen Hainbuchen (1704) am

Rande des Mirabellgartens, wo in warmen Sommernächten vor kleinem Publikum sogar Opern aufgeführt wurden, paßt in den Rahmen des intim Traulichen und des hiesigen Hangs zu Diminutivformen. Die steinernen Zwerge (um ca. 1715), jetzt am Ende des Gartens auf einer ehemaligen Bastion aufgestellt und zum Teil als Irrläufer in Gärten von Mülln verstreut, sind Harlekine, Kasperln, Wursteln, auch kropferte Einheimische in der Tracht, Groteskfiguren barocker Tradition, zugleich steingewordener Ausdruck für Salzburgs provinzielle Kleinheit nach 1815.

Aus der biedermeierlichen Bedeutungslosigkeit der Stadt sind einige Häuser, Villen und Gärten auf uns gekommen, meist der Nachmittagssonne zu gelegen, in der Riedenburg etwa, in Leopoldskron, am Hang nach Nonnberg hinauf, wo die schönsten Blumen blühen. Auch der Mönchsberg hat da seine Überraschungen, auf der ersten Etage gleichsam, Gärten, hinter deren Zaun man noch Rosen findet, wie sie heute nicht mehr zu kaufen sind: Überlebende aus einem anderen Jahrhundert, die schon lange mit der frühen dunklen Gestalt der Kühle sich arrangiert haben.

17

DER MIRABELLGARTEN: Dieser Park wurde zu Beginn des 17. Jahrhunderts von Erzbischof Wolf Dietrich von Raitenau für Salome Alt angelegt und hundert Jahre später in die heute noch erhaltene barocke Form gebracht. Das ehemalige Vogelhaus ist jetzt Ausstellungsgebäude.

R. Dapra

18
KLEINES HAUSGÄRTCHEN in Nonntal.

R. Dapra

19

SCHLOSS FREISAAL: Erzbischof Markus Sittikus ließ zwischen seinem Schloß Hellbrunn und der Stadt eine Allee anlegen, an der einige reizvolle Schlößchen stehen; von Freisaal aus, einem spätgotischen Wasserschloß, zogen die neugewählten Erzbischöfe in die Stadt ein.

20
DAS ZEUGWARTSTÖCKL, das einst das St.-Michaels-Tor beschützte. Heute öffnet sich der Mozartplatz an dieser Stelle zur Salzach hin.

R. Dapra

21
SCHLOSS NEUDECK mit Nebengebäude und schönem Garten.

R. Dapra

22

DIE KAPITELSCHWEMME, 1732 von Erzbischof Leopold Anton Eleutherius von Firmian gestiftet, wird vom Almkanal gespeist, der schon im Mittelalter durch den Festungsberg geführt wurde.

R. Dapra

23
DER KLOSTERGARTEN IM STIFT NONNBERG,
einer der ältesten Gärten Salzburgs.

J. Papra

24

DER HELLBRUNNER PARK, den Erzbischof Markus Sittikus zu Beginn des 17. Jahrhunderts um das Lustschloß Hellbrunn anlegen ließ, ist berühmt wegen seiner Wasserspiele.

VON GROSSEN UND KLEINEN HÄUSERN

Salzburgs von Menschenhand gebautes Stadtbild entstand — historisch sichtbar — aus einer Mischung von Traditionalismus und kühnen Neuerungen. Der Haus- wie der Palasttyp blieb über Jahrhunderte hinweg ähnlich, wenn nicht gar unverändert, während andererseits fast an jeder Stelle (von der Bürgerstadt abgesehen) fürstlicher Kahl- und Achsenschlag Raum und Blickpunkte schuf. Recht bezeichnend ist, daß Salzburg, obwohl München doch so nahe ist, kein oder kaum ein Rokoko kennt. Das mag politische und soziologische Gründe haben, es dürfte aber auch mit dem Genius loci zusammenhängen, der im zentralen 18. Jahrhundert zwar die Rocaille-Dekoration der Peterskirche oder Danreiters reizende Fassade des Robinighofs (heute in unglücklicher Nachbarschaft der Eisenbahn) entstehen ließ, der aber doch nach den gewaltigen Setzungen eines Johann Ernst Graf von Thun und Fischers von Erlach eine Atempause einlegte, um sich dann nur noch einmal, im frühen Klassizismus, wohl zu fühlen. An dieser Stelle fällt natürlich das Stichwort Mozart. Musik und bildende Kunst soll man nicht unbedingt immer vergleichen wollen, aber ist nicht Mozart und vor allem er, groß geworden da, wo die ornamental erstarrte alte Form wieder neuen Sinn bekam in der Frage nach dem Wahren? Das unausrottbare Geschwätz von der Heiterkeit Mozarts und des Rokokos ist imstand zu verschleiern, daß in Salzburg die Kategorie des Ornamentalen eine sehr geringe Rolle spielt. Man muß nur Schloß Leopoldskron ansehen (ab 1736): Ein zunächst spätbarocker Bau, dessen Dachform nicht mehr ursprünglich ist, aber das ist garnicht das Wesentliche, sondern vielmehr der Umstand, daß wir hier, selbst bei einem Rokokoschloß, nichts anderes vor uns haben als den altbekannten Salzburger Kasten, dem man halt gleich einer äußersten Putzschicht etwas Rokoko anklebte.

Wenn in Salzburg einmal etwas zum Typus geworden ist, dann hält das an, die Kastenform von Schloß und Haus oder die Zweiturmfassade des Doms, die von Maria Plain oder Maria Kirchental bei Lofer wiederholt wird (mit gewissen Änderungen sicherlich).

In der Stadt steht eigentlich nur der Dom des Wolf Dietrich und des Markus Sittikus frei; aber auch er ist durch Arkaden mit der Residenz verbunden. Die anderen Kirchen, mittelalterliche wie barocke, sind „eingehäuselt“. Das ist in italienischen Städten üblich; aber eines unterscheidet Salzburg hier doch von Rom oder Turin: Fast jede Fassade, und sei sie noch so ambitioniert, ist mit den umgebenden Bauten so eng verschmolzen, daß ein geschlossenes, Schönheit und Nützlichkeit verbindendes Gefüge entsteht.

Fischers von Erlach Dreifaltigkeitskirche wird vom Priesterhaus und dem Collegium Virgilianum flankiert, so daß sie gemeinsam eine Straße bilden. Die Erhardkirche in Nonntal, ab 1685 von Giovanni Caspare Zuccalli erbaut, fügt sich wie eine Sammlung von vornehmen Hausteilen dem Straßenzug ein. Am deutlichsten wird das Prinzip bei der Kajetanerkirche — vom selben Architekten und im selben Jahr begonnen — die Fassade wird anstelle von Türmen von den Fassaden eines Kollegiums und Spitals eingerahmt, so, wie der Querovalraum des Kircheninnern auch völlig eingebaut ist in Räume kirchlicher und sozialer Funktion. Fischers von Erlach

Ursulinenkirche (ab 1699 erbaut) ragt wie der Keilschlußstein zweier Straßenzüge am Stadtende gegen Mülln zu über der Salzach auf; die Straßenfront am Fluß bestand aus dem Erziehungsinstitut der Ursulinen-Schwestern. Der Grundriß ist so aufschlußreich wie der von St. Kajetan oder der der Johannesspitalskirche von Fischer von Erlach; auch hier bildet die Kirche — wie ausgehöhlt aus einem größeren Raumkomplex — nur einen Teil des sozialen Ganzen, das allerdings die Fassade gleich einem Glaubensschild vorweist.
Der Ursulinenkirche gegenüber, zwischen dem Gstätten- und dem Klausentor, werden die Häuser am Berg immer dünner und dünner, bis sie schließlich mit ihrer Fassade beinahe schon an der senkrechten Wand kleben. Wo die Wohnungen sind? Nun, bis 1669 waren sie in den Berg gehöhlt, bis dieser eines Nachts herunterbrach und alles unter sich erschlug. Jetzt verlaufen die Häuser, immer seichter werdend, allmählich im Berg, bis man glaubt, daß nur noch die Fassade vor dem Berg die Wohnung sei.
In diesem salzburgischen Konglomerat von Stein, Straßen, Häusern, von Höfen und Arkaden steckt manchmal wie ein Bergkristall im Muschelkalk eine kleine Kapelle, eine Kirche, ein wunderschönes Haus: die romanische Kreuzkapelle unter den Katakomben des Petersfriedhofs etwa oder die spätgotische Margarethenkapelle daneben mit ihren schönen Grabsteinen; die Michaelskirche an der Nordseite des Residenzplatzes, ein hübscher Rokokoraum, oder das kleine St. Johann am Imberg aus dem Spätbarock, dort, wo die Stiege zum Kapuzinerkloster und weiter, auf den Berg hinaufführt.
Es gibt ein spezifisches Salzburger Fluidum, noch heute, und gäbe es das nicht, so wäre Salzburg eine Stadt wie viele andere und die Salzburger könnten sich nicht so einfach auf ihre Strahlungskraft verlassen. Woraus resultiert dieses Fluidum? Zunächst einmal aus der Naturhaftigkeit der Stadt, aus jenem Arrangement mit Wasser und Stein, zum anderen aber auch aus dem heute nur noch er-

ahnbaren, einst aber vorhandenen Gefühl des Geborgenseins durch die Stadt. Die Häuser, ganz nahe am bedrohlichen aber auch bergenden Fels, bieten Schutz, und die Kirchen wie Institutionen sind gleichsam ein Ausblühen von Würdeformen, Giebeln und Säulen, aus den Häuserzeilen.

Die Enge der Stadt wird überall genauso spürbar wie jene der steinernen Kühle entgegengesetzte Wärme, die im Aneinanderrükken von Menschen und Häusern entsteht. Es ist wie mit den erleuchteten Fenstern des Café Tomaselli an einem noch dunklen Wintermorgen: Die Stadt, der Alte Markt, die Fassaden von Residenz und Platz gleichen noch der nahen Mönchsbergwand; dann schaut man durch die Fenster ins Café, das noch nicht von Fremden überfüllt ist, nur die Spezialisten eines bescheidenen frühen „savoir-vivre" sitzen vor ihrem Einspänner und haben, weil Stammgäste, ihr Kipferl sogar mit Butter bestrichen serviert bekommen. Nicht daß das nun besonders warm oder heimelig wäre, aber die Stadt hat ein Licht angezündet, unfeierlich und untertreibend wie immer, ein subtiles und biedermeierliches Höhlenfeuer.

In der Festung gipfelt der Salzburger Stein auf natürlichste Weise zur herrschaftlichen Behausung. Vergessen ist, daß sie einst den Bischöfen seit dem 11. Jahrhundert Schutz vor dem Kaiser, der Stadt oder den Bauern bot. Erst nach dem Dreißigjährigen Krieg, aus dem sich herauszuhalten den Erzbischöfen dank kluger Taktik gelang, wurde die Festung als Befestigung überflüssig, schließlich war sie nur noch abwechslungsweise Gefängnis oder Kaserne, während unten die Stadt mehr und mehr zur offenen Residenzstadt wurde. Die Archäologie kann heute die frühen Bauphasen anhand der Verwendung von Bergdolomit, Tuff oder Untersberger Marmor feststellen. Und in den herrlichen Räumen des Leonhard von Keutschach und in den Ausbauten des Matthäus Lang von Wellenburg verfeinerte dieser Stein sich zum Polieren, zur Glasur und zum Gold. Aber man stelle sich den Goldenen Saal ohne Wand, offen über der Stadt vor, wie er einst geplant war, weil in einer offenen Loggia Gericht im Freien gehalten werden sollte: Die blaue Decke mit ihren goldenen Knöpfen geht in den Salzburger Himmel über, die vier gedrehten Säulen aus Untersberger Marmor sehen aus wie Stalagmiten, die sich aus dem Berg herauf bohren. Die kluge Gräfin von Hahn-Hahn hat sehr schön beschrieben (1841), was diese Steinfestung, allmählich zum Monument geworden, in der Landschaft bedeutet: „Festungsberge sind gute Aussichtspunkte". Gewiß, denn ihr Zweck ist es ja, höher als die anderen zu sein. „Nirgends übersieht man das ganze Panorama der Gegend besser als auf dem Schloßberg, den die Festung krönt. Von allen Tageszeiten ist mir die des Sonnenuntergangs die liebste; der Moment, wo das Festliche und das Melancholische der Natur ineinanderschmelzen, Purpurglanz des Tages und bläuliche Schatten der Nacht . . ." Nachzutragen wäre, daß diese Festung, diese von Menschenhand errichtete Steigerung des Steins, jeden Tag Dutzende von Schattierungen zwischen Tag und Dunkelheit kennt, Festlichkeit und Melancholie, Purpur und Blau, die sich im Ton des Steins auch verbinden können. Ein unendlich variables Grau scheint das Mittel zu sein zwischen Festlichkeit und Melancholie, es hat die Fähigkeit, sich von Minute zu Minute zu verändern, von der Spiegelung der Kälte zur Wirkung der Sonne hin, die dann in die tiefen Poren des Steins einzudringen scheint, um gegen die Kühle zu kämpfen.

Die Gräfin Hahn-Hahn schloß an ihre Beobachtung noch eine allgemeine, eigentlich barock-allegorische Betrachtung an: „Im Grunde müssen alle Gegenstände in dieser Doppelbeleuchtung betrachtet werden, die Erde vor allem!" In Salzburg bedarf es nicht einmal des Neu-Barock-Spiels vom „Jedermann", um die Launen des Schicksals in unserer Welt zumindest zu spüren im schnellen Wandel von Festlichkeit und Melancholie, da ganz schnell die

Schatten fallen, wie ja auch die Sonne jäh erhellen kann. Daß einst das Barocktheater hier eine so große Rolle spielte, daß man in unserem Jahrhundert auf den Gedanken kam, es wiederzubeleben, das hat seine guten Gründe. Sie liegen nicht zuletzt im Modellcharakter Salzburgs; das Licht des Tages, das Dunkel der Nacht, die Ebene, die Höhe, der Fluß und der Stein, die Kirchen und die Häuser, sie alle stehen auf engem Raum einander gegenüber wie Morgen und Abend. Die Vergleichbarkeit auf diesem engen Raum ist intensiver als anderswo, genauso wie der Wandel schneller vor sich geht.

Es gehört zum Sinn von Festungen, schwer erreichbar zu sein. Früher gab es eine Maschinerie, wo Pferde auf einer Seilbahn einen Aufzug hinauf schleiften. Dann die Festungsbahn, die dadurch betrieben wurde, daß man ihr Gegengewicht am Seil oben mit Wasser füllte, bis es, abwärts drückend, die Kabine nach oben zog. Heute trägt die modernisierte Zahnradbahn den Besucher schnell in die Höhe. Von der Festung blicken wir nach unten, auf Dächer, Gärten und noch vorhandene Wiesen, in deren Mitte Häuser stehen. Im Süden, unter dem „Bürgermeisterloch“, gibt es immer noch das „Henkerhaus“, ein Häusel mitten in der großen Wiese, was offensichtlich so ungewöhnlich geworden ist, daß man ein Märchen erfand und das einsame Haus zur Wohnung des Scharfrichters machte.

Anhand der alten Beschreibungen von Salzburg könnte man eine Geschichte der menschlichen Sehmöglichkeiten schreiben: Wie im Barock die Stadt als eine symbolische Figur im großen Welttheater gesehen wurde. Wie dann im frühen 19. Jahrhundert Landschaft und Stadt als ein Gegenüber aufgefaßt wurden, voll der Wunder und jenes Weltgeists, den man kaum mehr enträtseln konnte. Und wie nach der Romantik dann die selbe Stadt mehr und mehr nur noch „Sehenswürdigkeit“ im Sinne des Fremdartigen war. Heute haben wir Mühe, einfache Dinge als selbstverständlich zu erkennen. Ein Haus, noch mitten in den Wiesen, erscheint als unnatürlich und provoziert eine Geschichte. Freie Flächen — man sieht sie von oben, von der Burg, als absolute Natürlichkeit — werden nur noch als Baugründe konstatiert. Dabei wird von der Festung aus ein ganz wesentliches Moment Salzburgs deutlich sichtbar: daß der Übergang von Stadt zu Land organisch ist. Das Historische ist dabei ebenso gewachsen wie die Landschaft. Blicken wir hinunter auf die Hellbrunner Allee! Erst durch die kleinen Schlößchen links und rechts wird aus dem Land Landschaft im Sinne von erfahrbarer Gestaltung. Freisaal, ein Wasserschloß aus dem 16. Jahrhundert, die Fronburg des späten 17. Jahrhunderts, und die etwas frühere Emsburg ebenso wie Emslieb waren bescheidene Lustschlößchen mit Gärten und Ökonomie, wobei das letztgenannte dem Jakob Hannibal Graf von Hohenems, einem Neffen des Markus Sittikus, gehörte, der in der Literatur meist das Adjektiv „mißraten“ angehängt bekommt — eine Figur, in der Salzburg die Schattenseiten des Renaissancenepotismus kurz nachholte, ein Mann, der heute fast liebenswert erscheint, weil er durch seine Verschwendungssucht zum Salzburger Renommiertaugenichts wurde.

25
DIE SCHANZLGASSE führt von der ehemaligen Vorstadt Nonntal zur Stadtmitte.

26

DIE GERBERHÄUSER am rechten Salzachufer standen einst direkt am Fluß. Hier hatten die Handwerker ihre Wasserplätze und die Kaufleute ihre Liegen für die Salzachfrachten.

R. Dapra

27
DIE GOLDGASSE ist eine der typischen engen Geschäftsstraßen in der Altstadt.

ANTIQUITAETEN
3
Gold
R. Dapra

28

GASTGARTEN: Kleine und große Terrassengärten bieten Gastlichkeit und verhelfen obendrein zu einer schönen Aussicht auf die Stadt.

29
AUFGANG ZUM KAPUZINERKLOSTER: Ein steiler Knüppelweg mit Kreuzwegstationen führt von der Linzer Gasse zum Kloster empor.

R. Daprà

30
ROBINIGHOF: In diesem reizenden Rokokolandhaus in Gnigl war der junge Mozart oft zu Gast.

R. Dapra

31
DIE DOMBÖGEN schließen den Domplatz ab und verbinden ihn zugleich mit dem Residenzplatz, dem Kapitelplatz und mit der Franziskanergasse.

R. Dapra

32

DAS MONATSSCHLÖSSCHEN auf dem Hellbrunnerberg entstand in kurzer Bauzeit auf Grund einer Wette von Erzbischof Markus Sittikus mit Erzherzog Maximilian. Heute dient es als Volkskundemuseum.

VON DEN SALZBURGER LUSTBARKEITEN

Salzburgs Vergnügungen sind im Vergleich zu denen aus der Zeit des Markus Sittikus noch braver geworden, so daß man sich fragen muß, ob nicht das „Spiel vom Jedermann" eher für die Fremden gilt oder als Buße für das Treiben der großen Welt außerhalb Salzburgs. Die Festspiele, dem Genius loci Mozart auch Wagner beigesellend, sind zu einem sehr ernsthaften Ritual geworden, ebenso wie das vorweihnachtliche Adventssingen. „Inmassen dann auch unser gnädigster Herr und Landts-Fürst löblichst getan, da derselbe die in seiner Erzbischöflichen Haubtstadt Salzburg von unerdenklichen Zeiten hero gewohnte Tag- und nächtliche, ärgerliche Maschkerate und Mummereyen, das hin und her zu die Winckel Laufen, Fressen, Sauffen, übermäßiges Spielen und andere etwa begangene strafmäßige Übel, Sündt, Schandt und Laster durch ihren Hofprediger Patrem Sylverium zu verschiedenen Malen auf öffentlicher Kanzel stark straffen und inhibiren: an dero Statt aber ehrliche, fröhliche, zuelässige Khurzweilen und fastnachtliche Exercitia passirt und zugelassen." Diese Maßnahme des Hieronymus Graf von Colloredo, aufklärerisch getönt, dokumentiert zweierlei: Zunächst den Wandel der Zeiten, da im dauernden Kampf zwischen Kurz- und Langeweile die Langeweile siegte und zum Kulturbetrieb wurde, der es in unserer Zeit so schwer hat, auch lustig zu

sein. Zum anderen äußert sich hier wieder einmal die Salzburger Struktur, kompliziert wie sie immer schon war. Denn da gab es einst den Fürstenhof mit seinen eigenen Vergnügungen an Festlichkeit und Musik, und dann das Stift St. Peter mit seiner Bildungsaufgabe und dem daraus entstandenen Theater, einem der berühmtesten Barocktheater überhaupt. Und endlich die Bürgerstadt mit ihren primitiveren Lustbarkeiten, die noch dazu immer wieder vom wilden Land inspiriert wurden, als da eben sind Maschkera, Suff, Zoten und sonstige Kurzweil, die heute als ehrwürdiges Brauchtum bezeichnet werden. Der Erzbischof hatte etwas gegen ausartende Wirtshausvergnügungen, gegen das, was heute noch in der harmlosen Form des „Kramperljagens" Vergnügen der Halbwüchsigen ist, weil damals leicht auch die Büttel beschäftigt wurden. Umgekehrt war die fürstliche Lustbarkeit für die Bürgerstadt nichts anderes als Geldverschwendung. Die Mitte hielten hier die Benediktiner, deren berühmtes Theater von gelehrter Umständlichkeit, aber auch von Spektakelfreude geprägt war.
Zum Fasching fährt der Salzburger heute nach München oder nach Wien. Wenn er sich eine Karte für die Festspiele ergattert hat, dann entwickelt er das geziemende festliche Gefühl in Parkett und Foyer. Zu kulinarischen Exzessen neigt er nicht. Und doch gibt es so etwas wie das typisch salzburgische Vergnügen. Eine ganz genuine Musikalität scheint hier zu Hause zu sein. Daß Vater Mozart aus Augsburg kam, soll dem keinen Abbruch tun. Die salzburgische Musikpflege hat eine Tradition, die ins Mittelalter zurückreicht. Von der anderen Seite her kommt dazu der bajuwarische Hang zum Theatralischen, zur „Komedi", genauso aber auch zur Sichtbarmachung der Eitelkeit allen Spiels, der Tatsache, daß alles ja nur „Komedi" ist. Paart man die schon erwähnte Musikalität mit jener komödiantischen Ironie, dann hat man in etwa den zweiten salzburgischen Genius loci, den blechernen Pegasus. Den größen-

wahnsinnigen Bellerophon hat er längst abgeworfen, aber sein Hufschlag läßt immer noch Quellen springen. Die Gelassenheit des Salzburgers gegenüber dem Kulturbetrieb hat ihren Grund in einer sicheren künstlerischen Urteilsfähigkeit und einer ironischen Distanz. Er spielt gern, aber er weiß auch zu genau um die Eitelkeit des Spiels. So überläßt er die Kunsthysterie den Fremden und registriert falsche Einsätze in den Festspielopern ebenso gelassen wie genießerisch eine gelungene Passage. Wenn nicht alles trügt, ist der Hans Wurst eine Erfindung der Salzburger Bühne, eine Übersetzung des bergamaskischen pfiffigen Tölpels der Commedia dell'Arte in einen Salzburger Bauern, Widerpart der tragischen Ambition, und nicht zuletzt geboren aus jener Spannung von hoher Hofkunst und der bürgerlichen Gaudi, in deren Bogen Kunst entstand als musische Vergnüglichkeit.

Trotz aller Festspiele, in denen die Kunst sich selbst feiert, sind wir heute ärmer geworden, was das Feiern betrifft.

Man mag die fürstlichen Gaudia auch manchmal als abgeschmackt empfinden, bei mancher äußeren Plattheit aber stand hinter dem barocken Aufwand doch immer ein Inhalt, die Feste feierten die Geburt, die Leiden und die Auferstehung des Herrn, und die Namen der Heiligen prägten den Lauf des Jahres. Wer jetzt, wenn die Festspielhaustüren sich hinter den Besuchern geschlossen haben, wenn auf einmal Stille eingekehrt ist um die parkenden Autos, abends die Hofstallgasse entlanggeht, der kommt kaum umhin, über den Wandel von Lustbarkeit und Kunst zu meditieren.

Daß einst, etwa unter Markus Sittikus, Prozessionen eine theatralische Mummerei waren, schönstes Theater, und in der Fastenzeit etwa Geißler dafür bezahlt wurden, daß sie sich beim Umzug auch richtig strapazierten, daß in Maskenzügen so viele Salzburger mitwirkten, daß keine Zuschauer mehr vorhanden waren, daß der Erzbischof selbst in einem schwarzen Sack am Karfreitag mit-

marschierte und dann, während er die Annagelung Christi schilderte, gedämpfte Hammerschläge erklangen: das war schönstes Theater und Vanitasdarstellung zugleich. Tierhatzen, Bauernhochzeiten (ein fester Typus ausgelassener Festlichkeit), Schwerttänze und Aufzüge der Laufener Schiffer, solche Lustbarkeiten bauten das Salzburger Jahr auf. „Am 22. Februar 1618 ist eine lustige Compagnia wie die Bauern und Bäuerin, auch ledige Knecht und Dirnen bekleidet, auf dem Hofplatz erschienen, die haben ein Bauernhochzeit angestellt, bei sich auch einen Prädicanten gehabt, der sie zusammen copuliert. Hernach ist ein Saufen angestellt und die Mahlzeit aufgetragen worden, dabei diese Bursch lustig und guter Ding gewest, wacker gezecht, daß sie trunken worden, geschrieen und gejuchzet, hernach haben sie einen Tanz gehabt, indem sie letztlich wegen ihrer Gredlen uneins worden, vom Leder gezogen und tapfer geschlagen, doch letztlich sich wieder geeinigt haben. Inzwischen hat sich der Prädicant mit einem schönen Bauerndirndel absentiert, dan aber ein Bauernknecht nachgesetzt, ihn erwischt und dapfer abgedroschen hat." Die Grenzen zwischen Theater und Wirklichkeit scheinen damals erheblich fließender gewesen zu sein als heute, da sie vom Logendiener diktiert werden.
Das 19. Jahrhundert nimmt die Mitte ein zwischen der barocken Lustbarkeit und dem Kunstbetrieb unserer Tage. Seefeste auf dem Leopoldskroner Weiher mit Militärkonzert und feenhafter Beleuchtung aus Papierlampions, Feste mit aus Eis erbauten Pavillons, Maronibratern, Würsteln und Glühwein — sie waren wohl, auch wenn der zeitliche Abstand verklärend wirken mag, noch wirkliche Festlichkeit, wenngleich nicht mehr von jener Bindung an das Jahr des Herrn und gedeckt durch barocke Ewigkeitssymbolik. Es brach die Zeit der dampfbetriebenen Festlichkeit an. Rührend die Versuche, ein Vergnügungsschiff auf der Salzach fahren zu lassen. Leider lief der Dampfer schon bei seiner Eröffnungsfahrt mitsamt

Statthalter, Landeshauptmann und Bürgermeister auf einer Schotterbank auf und wurde nie mehr ganz flott. Von der neuen Bahn auf den Gaisberg war schon die Rede und auch vom eisernen Mönchsbergaufzug. Offensichtlich sind es nicht nur die Fremden, sondern die Salzburger selbst, die ihre simplen kulinarischen Genüsse durch schöne Aussicht zu veredeln suchen. Etwa auf den Almen der Umgebung, meist mit herrlichem Blick auf die Berge und auf die Stadt, im Stieglkeller über dem Kaiviertel, im Festungsrestaurant, im Café Winkler, im Franziskischlössel hoch auf der Rückseite des Kapuzinerbergs, in den Hotels am Gersberg, am Gaisberg oder Heuberg, auf dem Daxlueg — wahrscheinlich haben wir sogar einige wichtige Beispiele der Möglichkeiten des Augenschmauses vergessen, aber der Kenner hält seine Favoriten ja auch geheim, weil er keinen Massenbetrieb mag. Das heißt, von Zeit zu Zeit liebt der Salzburger sogar den. Es wohnen tatsächlich zwei Seelen in seiner Brust. Im Caféhaus nach Wiener Art herrscht keineswegs wienerische Atmosphäre, sondern jenes Flair, das entsteht, wenn die Besucher völlig gelöst vom Zwang zur Konversation sich hinter Zeitungen verschanzen dürfen, durch die Lektüre dieser Gazetten natürlich nicht lustiger werden und deshalb ihren Trost in Kaffee und Mehlspeise suchen, was anstatt zu sedieren den Blutzuckergehalt erhöht und gemurmelte Sottisen hervorbringt. Diesem Individualismus kynischer Art steht in der selben Brust meist die absolute Bereitschaft gegenüber, sich im Biergarten über Tische hinweg zu verbrüdern. Die Nähe Bayerns wird spürbar, wie es zur Grenze hin schon billige Wirtschaften gibt, wo man das Beuscherl als Lüngerl serviert. Früher als anderswo gab es hier helles Bier, von vielen allerdings als apokalyptisches Vorzeichen gewertet. Dafür braute man es in Mülln dann erheblich hochgrädiger als anderswo. Dieses Bräustübl ist insofern bemerkenswert, als hier schon im 19. Jahrhundert ein durchdachtes architek-

tonisches System für den Massenbetrieb sorgte, der sich heute zum Paradoxon einer hundertfachen Gemütlichkeit ausgewachsen hat.
Speisen, die ihren Namen von einer Stadt haben, sollte man nicht unbedingt als Symptom betrachten. Nur der Boshafte wird die Frankfurter, diese farblosen Dosengeschöpfe, zum Anlaß nehmen, um der Geburtsstadt Goethes am Zeug zu flicken. Womit wir bei den unumgänglichen Salzburger Nockerln angelangt sind. Sie sind insofern genuin, als sie nicht in Dosen exportierbar sind und auswärtige Hausfrauen wie Köche ihre Herstellung scheuen, weil sie sich nicht dadurch blamieren wollen, daß ihnen das ätherische Gebilde aus Schaum und Vanilleduft zwischen Herd und Tisch in sich zusammenfällt und zu dem wird, was man im besten Fall einen Freilassinger Nock nennen könnte. Bei Fremden wird der Eindruck des Singulären dieser Speise noch durch die Kellner gefördert, die nach einer normalen Mahlzeit oft ohne jede Warnung für jeden einmal Nockerl als Nachspeise empfehlen. Der schadenfrohe Einheimische am Nebentisch sieht dann interessiert zu, wie die Opfer verkrampft lächelnd und mit hervorquellenden Augen die Tatsache, daß man Derartiges in Salzburg gegessen haben muß, mit dem Fassungsvermögen ihres Magens in Einklang zu bringen versuchen. Dabei handelt es sich um so etwas wie ein barockes Vanitassymbol, Mahnung an die Vergänglichkeit des Irdischen: die Zeit, Vater Chronos mit der Sense, steht hinter dem Koch. Kurz und nur Schaum ist die Lustbarkeit, und sie kann nicht aufgewärmt werden.
Nur am Rande sei bemerkt, daß der berühmteste Salzburger Koch, Conrad Hagger, dem wir ein kompendiöses „Neues Salzburgisches Koch-Buch“ (aus 1719) verdanken, Rheinländer war.
Zu den Salzburger Lustbarkeiten — und wie gesagt, sie sind teilweise recht bescheiden — gehört das Ritual des langwierigen und zeitraubenden Einkaufs. Das nötige Brot kauft man nicht so einfach nur in irgend einer Bäckerei. Vom unvergleichlich schweren

Schwarzbrot des Frater Chuniald in St. Peter führt ein langer Weg hin bis zur „Wiener Bäckerei“ und weiter, von einem Schlupfwinkel tortenspendender, kleiner Läden zum anderen. Der Boden für Supermärkte ist schlecht. Für Touristen zunächst Anlaß zum staunenden Kopfschütteln ist dagegen der Markt auf dem Universitätsplatz, wo an der Flanke der Kollegienkirche balkanisches Flair nicht nur durch die Gastarbeiter, sondern auch durch den Einkaufsmodus entsteht. Das Rührende der von den Bauernweiberln angebotenen Blumensträußerln aus dem eigenen Garten, des Kiniglhasen, der wahrscheinlich vor seinem Tod Liebling der Kinder war, der Ribiseln und des eigenen Honigs verhindert meist großes Gefeilsche, obwohl es möglich wäre. Die professionelle salzburgische Einkäuferin erkennt man am großen Korb, den Snob an der Aktentasche, in die sogar Henderln gepackt werden, den wirklichen Kenner am Rucksack. Man kauft sich vor dem Ritzerbogen ein Paar „Frische“, wie denn überhaupt der Genuß der salzburgischen Köstlichkeiten im Stehen sehr beliebt ist. Das „Stehachterl“, die „Stehmaß“ im Bräustübl sind offensichtlich Konsumgewohnheiten leidenschaftlicher Spaziergänger und Einkäufer. Auch so etwas wie einen „Stehkonvent“ scheint es zu geben, durch den die moderne Einrichtung des Telefons sich insofern erübrigt, als daß man sich ja doch immer wieder an den selben Punkten der Stadt zur gleichen Zeit treffen kann. Man begrüßt einander, bleibt, oft verkehrsbehindernd, stehen, bespricht, was zu besprechen ist, tauscht Neuigkeiten aus und setzt seinen Weg fort.
Tatsächlich besteht die Geschichte Salzburgs, der Bürgerstadt, aus einem sehr langen Kampf um Marktrechte und Privilegien, entstanden Stadt, Straßen, Brücken und Plätze nicht zuletzt aus dem vitalen Bedürfnis von Kaufen- und Verkaufendürfen. Seit jeher hat der Salzburger eine Neigung zu — nennen wir sie einmal so — Altwaren. Er produziert sie und kauft sie gern. Die sublim-moderne

Form davon heißt Antiquitäten. Ein Tandelmarkt ist jedenfalls in Salzburg schon im 15. Jahrhundert nachweisbar, im 17. Jahrhundert wird die „Tanteley“ unter den Dombögen ansässig, was man sich vor Augen halten mag, wenn man diese Architektur als solche zu betrachten gewillt ist. Konkurrenz entstand den Tandlern allerdings durch das schon im 18. Jahrhundert vor der Dreifaltigkeitskirche erbaute Leihhaus und durch den Nikolaimarkt, eine Art Christkindlmarkt, wie er heute noch auf dem Mirabellplatz Unterhosen und mieses Plastikzeug anbietet, „Schofelware“, wie früher vom alten Nikolaimarkt schon der Chronist bemerkte.
Der Kampf alteingesessener Tandler mit den fliegenden Händlern dauerte Jahrhunderte und endete schließlich mit einem Sieg jener etablierten Altwarenhändler, die gezwungen waren sich in festen Gewölben niederzulassen, und die sich bald zu Antiquitätenhändlern mausern sollten — von der Salzburger Einkaufsleidenschaft genauso frequentiert wie von der Sammelwut der Gäste.
Der Salzburger fährt ungern und nur unter Zwang in die Fremde. Von denen, die er ungern besucht, wird das als extremer Provinzialismus bezeichnet, was sehr ungerecht ist insofern, als der Salzburger es tatsächlich nicht nötig hat, lange Reisen zu unternehmen, um die Welt kennenzulernen. Er hat sie ja vor sich. Die transportierende Technik ist dazu fast unnötig, weshalb man auch nach der Einführung der Dampftramway 1886 und einer Pferdebahn im Stadtkern 1889 diese Fortbewegungsmittel, mit deren Hilfe man einst sogar bis Berchtesgaden gelangen wollte, wieder aus dem Verkehr zog. Wer über den heutigen Verkehr in Salzburg stöhnt, sollte sich die Tatsache vor Augen halten, daß einst vor dem Tomaselli die „Gelbe“ ihre Schleife zog, daß in der Klampferergasse immer ein zweites, bereits wartendes Pferd dem anderen der Bahn zugespannt werden mußte, um von der Salzach heraufzukommen. 1940 wurde die Straßenbahn aufgelassen. Der Krieg war

daran weniger schuld als die inzwischen einfacher gewordenen schienenlosen Beförderungsmittel. Etwas Symbolisches aber steckt hinter diesen kurzen, durch das Automobil abgelösten Episode der eisernen Tramway in Salzburg: Sie war bestenfalls Ausdruck des gründerzeitlichen Technikfimmels, von liebenswerter Einfalt und Verbrämung durch Paramente. Wozu sollte der Salzburger Maschinen einsetzen, um herum oder weg zu fahren? Ein paar Schritte, und ein neues Bild von Salzburg, von der Stadt oder vom nahen Land, bietet sich dem Fußgänger. Und diese Stadt wie ihr umgebendes Land beinhalten eben die Welt. Sonst wäre die Enge Salzburgs ja gar nicht zu ertragen, wäre da nicht überall diese große Welt im Abbild: Italien wird spürbar, genauso wie die nördliche mittelalterliche Vergangenheit. Bilder von Bergen und Ebenen, von Seen und Flüssen werden dem, der nur ein paar Schritte vor die Tür tut, zu einem Modell der Welt. Es gibt eine alte Fotografie der Pferdebahn vor dem Fahrkartenbüro in der Schwarzstraße. Unter dem lambrequingeschmückten Dach des Wagens sind jeweils vier Vorhänge zusammengerafft, so daß man Einblick in den Wagen tun kann, und die Insassen Ausblicke auf Salzburg haben. Es ist wie ein umgekehrtes Pawlatschentheater, wo die Zuschauer vor einem vorhangbegrenzten Wagen sitzen und auf die Posse warten, die man gleich auf diesem Wagen spielen wird. Hier dagegen sitzen die fein gekleideten Herren im Wagen, und das Schauspiel findet davor statt: Es ist Salzburg, das kleine Welttheater. Ludwig Thoma schrieb einmal (und es sei angemerkt, daß er Salzburg nicht recht verstand): „Typisch war die ruhige, vornehme Heiterkeit, die von ... allen Menschen und Dingen dieser Stadt ausstrahlte. Wenn nach einem wohlig verfaulenzten Tage die vielen Turmuhren melodisch zusammenklingend die Feierabendstunde schlugen und die Strahlen der Sonne an den Mauern der Festung verglühten, ging ich dem Bahnhofe zu.“ Der

Fremde, der, eben weil er Fremder ist, dem Bahnhofe zugehen muß, er glaubt gefaulenzt zu haben hier in Salzburg. Der Salzburger weiß es besser: Er hat nicht, wie der Fremde glaubt, den Tag hingebracht, er hat vielmehr den Tag als einen Tag der Schöpfung eingebracht in seine Erlebnisfähigkeit, so wie einst der Maler Ferdinand Olivier die Tage der Woche mit Salzburger Ansichten gleichsetzte: Stadt und Landschaft Salzburg als eine modellhafte Darstellung menschlich begreifbarer Welt.

VON DER LANDSCHAFTSSTADT

Seit langem gibt es in Salzburg den Beruf der Bergputzer, Männer, von oben an Seilen in die Wände hinuntergelassen, die mit dem Hammer lockeres Gestein entfernen, das sonst auf die Dächer fallen könnte. Die Nähe der Berge und des Steins prägt das Wesen Salzburgs. Geschichten vom Kaiser Karl im Untersberg, Höhlen, Stollen, Tunnels, die Vorstellung von Zwergen oder Bergleuten, die nach Schätzen, Erz und Salz graben, das alles gehört zu Salzburg wie die andere Vorstellung, daß hier im Salzachtal die Welt wieder weit wird. Die Kunst der Erzbischöfe hat dafür Symbole gefunden: Das „Te Saxa loquuntur“ der Grottenhöhlungen von Felsenreitschule, Steintheater und Neutor und andererseits die Hellbrunner Allee, die Klesheimer Zufahrt mit dem riesigen Gartenparterre, die geometrischen Anlagen des Mirabellgartens und die Straßen durch das trockengelegte Moos.
Ein Zufall dürfte es nicht sein, wenn so viele alte Ansichten von Salzburg aus dem 19. Jahrhundert, seien es solche von Dies, Fohr oder Olivier, die Landschaftsweite des sich öffnenden Tals der Bergstadt gegenüberstellen.
Es ist heute nur noch zu ahnen, daß einst da, wo jetzt gesichtslose und provinzielle Mietskasernen den Blick nach allen Seiten verstellen, Salzburg eine „Schau“ war, so etwas wie ein gegenseitiges

Abkommen von Geben und Nehmen: Man konnte Aussichtspunkte beziehen und den Anblick der Stadt über der Landschaft genießen und umgekehrt verpflichtete man sich der Stadt und der Landschaft als Staffage. Denn der romantische Maler gehört nun einmal in den Vordergrund der romantischen Salzburger Ansicht. Unterliegen wir einer romantischen Illusion, wenn wir einer Situation nachtrauern, die es nicht mehr gibt und vielleicht sogar nie gegeben hat? Die schönste Ansicht von Salzburg ist wohl die von der „Kanzel“ im Naturpark zu Aigen. Noch heute ist der Blick über das barocke Schlößchen und die Pfarrkirche hinweg nach Salzburg hin eine der unvergleichlichen Ansichten auf unserer Erde.

„Wäre nicht dies wuchtige Wahrzeichen der Hohensalzburg über ihr, man wüßte nicht zu sagen, wo sie beginnt und endet, denn sie löst sich lose auf in die Landschaft, und die Landschaft geht unmerklich in sie ein: Das ist ihr besonderer Reiz. Alleen heben an mitten in Wiesen um ein uraltes Schloß und plötzlich werden sie Straße und ihre Bäume erstarren zu Stein. Und andererseits blühen mitten im Weichbild weite Gärten auf, weiße Plätze brechen sich Raum, die schweren Schutzmauern und Wälle teilen nicht mehr die Straßen herrisch vom Gefilde, sondern sind Schmuck nur und Zier, die Architektonik eines großen Gartens, der vom Fuße an hügelauf steigt. Überall ist die harte Linie gebrochen, die Landschaft dringt mild in die Stadt und die Stadt wieder blättert sich fächerhaft auf in den Horizont der Wiesen und Berge.“

Stefan Zweigs Beschreibung von 1937 dürfte die subtilste sein, die es in der Beschreibung von Salzburgs Verhältnis zur Landschaft gibt. „Diese Kunst des harmonischen Überganges ist das Wunderbare und zugleich das eminent Musikalische an Salzburg. Denn die schärfsten Gegensätze stehen Stirn wider Stirn in dieser Stadt: Sie in Stein und Stimmung tönend zu lösen, war ihr vorbehalten.“ Sie inzwischen durch Verbauung zu überdecken, das scheint heute die

allgemeine Absicht zu sein. Ein fast unlösbares Dilemma tut sich in Salzburg zwischen dem Wachstum der Stadt und dem, was die Anziehungskraft dieser Stadt ausmacht, auf. Was ist aber die Natürlichkeit Salzburgs überhaupt? Stefan Zweig hat sie als eine seltene Synthese von Landschaft und Stadt definiert. Die Stadt besitzt als historisch gewachsenes Gebilde naturhafte Züge und verbindet sich daher auf natürliche Weise mit der Landschaft. Vielleicht sind Dichter doch die besseren Geologen und Geographen; Goethe könnte man dafür als Beispiel zitieren. Wie Zweig Stadt und Landschaft als Ergebnis eines naturhaften Werdens begriff, das ist die dichterische Formulierung jener Tatsache, daß der Mensch nicht nur Nutznießer der Erde, sondern auch Sachwalter jener kurzen Sekunde in der Weltzeit ist, da eine Landschaft mit einer Stadt Schöpfungsmodell wird, bevor dann wieder, im Laufe von Millionen Jahren, von der Natur wie von den Menschen alles eingeebnet werden mag.
An apokalyptischen Zeichen hat es in Salzburg nie gefehlt, im 17. Jahrhundert sah man kohlschwarze Männer auf ebenso schwarzen Rossen beim Linzer Tor und etwas später einen geisterhaften Leichenzug, bevor der Berg in der Gstätten herabstürzte. In unserer Zeit sind es eher konventionell gekleidete Spekulanten und Funktionäre oder Architekten, die den Ausverkauf der Salzburger Landschaft und Stadtlandschaft ankündigen. Was ist es eigentlich, was diese Reißbrettfunktionäre bedrohen? Letztlich das geschichtlich gewachsene Wesen, aus dem die Stadt wie die Landschaft enstanden sind. Eine Stadt ist kein Freilichtmuseum, obwohl manche Fremde Salzburg wohl dafür halten. Salzburg ist es deshalb nicht, weil noch überall die Verbindung von Stadt und Land als eine lebendige Funktion spürbar ist, hier, wo dieses Land bis zu den ersten Häusern hin bewirtschaftet wird und seine Früchte zum Markt trägt, wo umgekehrt der Städter in vielfältiger Weise mit

dem Land und seinen Gebräuchen vertraut ist. Das Salzburger Bilderbuch, die Veduten von Stadt und Land, wie man sie seit Jahrhunderten immer wieder gezeichnet hat, es ist nicht willkürlich angelegt, sondern wie nach einem Schöpfungsplan, in den der Mensch gleichsam durch Bilder Einsicht gewonnen hat. Ein romantischer Gedanke vielleicht, aber auch einer, der in Salzburg naheliegt; wie in Ferdinand Oliviers Serie von Salzburger Ansichten (1823), mit denen er einen Zyklus schuf, in dem Stadt und Landschaft dem Kreislauf der Zeit zugeordnet wurden. Nichts auf diesen Blättern ist zufällig, sondern Sinnbild: daß hier offensichtlich mehr als anderswo von der Schöpfung Bilder eingerichtet sind, die Einsicht tun lassen in eine Art von Weltmodell. Die Kunstgeschichte kennt das Wort vom „Inbegriffbild" und meint damit Bilder, in denen sich Wesenheiten zu einem anschaulichen und damit begreifbaren Bild verdichtet haben. In Salzburgs Landschaft und Stadt ist das von Natur aus der Fall, und der Maler muß oft wenig dazutun, um sein Bild davon in diese Sphäre des Inbegriffs hinein zu steigern. Es ist interessant zu beobachten: Salzburger Veduten sind meistens sehr „naturgetreu", in Ansicht wie Detail von fotografischer Naturalistik; und sie wirken oft als kunstvoll komponierte Übertreibung, dabei sind sie nur Ausdruck der Salzburger Bildhaftigkeit.
Bilder sind von Menschen gemachte Ansichten eines Gegenstands. Der Gegenstand Salzburg kommt dem menschlichen Bedürfnis, sich Begriffe von Gott und der Welt zu bilden, entgegen. Der Spaziergänger (auch er ist ja heute ein romantisches Fossil) gelangt mit wenigen Schritten von seiner Stadt in die Landschaft hinaus, er wird zu Punkten gelenkt, von denen er die soeben verlassene Stadt erblickt, in jenen immer gleichen Bildererlebnissen, wo Längstbekanntes in neuem Licht ersteht. Leopoldskron über den Weiher hinweg an einem reifkalten Wintermorgen, dahinter die graue Festung; die Hellbrunner Allee, abends, wenn die Dämmerung

sich senkt und die Singvögel mit den Käuzchen tauschen, auf dem Mönchsberg, im Hubertushof bei einem Viertel, vor sich die über den Stadtbetrieb gehobene Au; auf dem Spaziergang vom „Mostwastl“ zum Untersberg hin über das birkenbestandene Moos; Maria Plain, wenn das Heu bis in die Kirche hinein duftet und darunter die Stadt heraufdampft; auf der Gaisbergspitze, wenn kalter Wind bläst und man Salzburg unten wie ein Juwel schimmern sieht. Es ist tatsächlich immer so, daß in solchen Bildern sich die großen Begriffe von Zeit und Natur, Mensch und Schöpfung in begreifbaren Modellen darstellen. Die Salzburger „Weltlandschaft“ ist deshalb so groß, weil sie einen Inbegriff liefert vom Sinn einer Stadt im Rahmen einer Landschaft, wie das eine vom anderen geformt wird und Gestalt gewinnt.

33
DIE FESTUNGSBAHN, einst durch das Gewicht eingefüllten Wassers betrieben, ist jetzt elektrifiziert.

R. Dapra

34
DER GRÜNMARKT: Vor der 1696 von Fischer von Erlach erbauten Kollegienkirche findet jeden Tag, außer Donnerstag, der Grünmarkt statt.

R. Dapra

35

DER LEOPOLDSKRONER WEIHER: Schloß Leopoldskron, von Erzbischof Leopold Anton Eleutherius von Firmian für seine Familie erbaut, kam 1918 in den Besitz von Max Reinhardt. Auf dem Weiher davor wird im Winter eifrig mit dem Eisstock geschossen.

R. Dapra

36
DER PETERSKELLER des Erzstifts, dessen Gastlichkeit zu einer Fremdenattraktion geworden ist.

R. Dapra

37
BLICK VOM HEUBERG, nordöstlich der Stadt, auf den Untersberg.

38
DER CHRISTKINDLMARKT, der alljährlich in der Vorweihnachtszeit abgehalten wird.

39
AUSSICHT VOM KAPUZINERBERG: Die Türme und Kuppeln von Dom, Sankt Peter und Franziskanerkirche liegen einem zu Füßen.

R. Dapra

40
DIE WALLFAHRTSKIRCHE MARIA PLAIN: Mozart schrieb zur Wiederkehr der festlichen Übertragung des Gnadenbilds in diese Kirche seine „Krönungsmesse“.

R Dapra

VON DEN BILDERN EINER STADT

Daß Salzburg eine Art von „vorgefertigten" Bildern liefert, davon war schon die Rede. Wie aber, wenn es umgekehrt wäre: Daß Salzburg uns als eine Art von Bilderbuch erscheint, weil hier Bildvorstellungen, die seit dem 15. Jahrhundert in der Malerei vorhanden sind, in natura sichtbar werden?
Salzburg kommt einem, auch dem, der es zum ersten Mal besucht, bekannt vor, denn man hat schon davon geträumt. Man muß nicht gleich Shakespeare zitieren, ergänzend, daß nicht nur wir, sondern ein Gebilde wie Salzburg aus jenem Stoff ist, aus dem die Träume sind. Absurd aber wäre das nicht bei einer Stadt, die zur gleichen Zeit ihr heutiges Gesicht erhielt, in der Shakespeares Theaterstücke entstanden und das zur theatralischen Vorstellung geworden ist wie diese, Kulisse und Bühne, zu schön um wahr zu sein, Vanitassymbol und Paradiesesbild zugleich.
Salzburg gehört zu den vielgemalten Städten. Und überblickt man die lange Reihe der Ansichten von Wolgemut (1493) über Danreiter (1735), die Romantiker, Rudolf von Alt, Kokoschka, Thöny, Peiffer-Watenphul, Lehmden, Breiter, Hradil bis zu Regine Dapra, dann wird man die naturgemäßen stilistischen und individuellen Unterschiede der Ansichten konstatieren, gleichzeitig aber auch eine Bindung an den Gegenstand, wie sie sonst nicht selbstverständlich ist.

Das liegt wohl daran, daß Salzburg an sich eine unerhörte Bilderfindung ist, vor der man seine eigenen Bilder bestätigt findet. Noch eines fällt auf: Meistens eine sehr detaillierte Zeichnung dieses Gegenstands Salzburg. Man denkt an das, was man heute „naive Malerei“ nennt. Da wird oft ein Detail neben das andere gesetzt, fein ausgezeichnet, da tauchen immer wieder im Vordergrund Staffagefiguren auf, der Stadt zugewandt, da entstehen immer wieder, gewollt oder ungewollt, Kalenderblätter des Traums von einer ganzen Welt. Regine Dapra hat außerhalb Salzburgs noch kaum gemalt. Warum sollte sie auch? Sie malt Salzburger Veduten, in einer Art von Malerei, die man immer noch zu Unrecht naiv nennt, obwohl es sich um eine eigene Gattung von Bildern handelt, die zwar ihre Tradition in Sonntagsmalerei und sonntäglicher Sehweise haben, ansonsten aber zu einem Gattungsstil gefunden haben, der nichts anderes ist als eben ein Teil der Malerei. Allerdings ein anderer als die professionelle Großmalerei.

Um was geht es? Um den ebenso einfachen wie komplizierten Tatbestand, daß die zunächst naive Malweise von Dilettanten (das ist keine Wertung) zu einem Inhalt geworden ist, in einer Verwandlung von Darstellungsformen zu Inhaltsgegenständen. Das Sonntägliche, einst „Nicht-hohe-Kunst“, ist hier ein Inhalt. Im Falle Regine Dapras und Salzburgs bedeutet das: Die sogenannte naive Zeichnung ist nichts anderes als das Sonntägliche einer Stadt. Es gibt dafür auch schon Schlagworte wie das von der „heilen Welt“ in diesen Bildern. Die Welt ist gar nicht heil, und Salzburg ist kein vakuumverpackter Postkartenkitsch, sondern ein in den langen Wehen einer schweren Geschichte geborenes Gemeinwesen. Heil sind Regine Dapras Bilder nur in einem bestimmten Sinn: Sie bringen einen ganz wesentlichen Begriff Salzburgs ins Bild. Das ist jene nicht alltägliche Festlichkeit der Stadt, die dem, der Augen besitzt, einen heiteren Sonntag bescheren kann. Am liebsten malt Regine Dapra kleine Rücken-

figuren von Spaziergängern oder stillen Betrachtern vor ihre Veduten. Automobile, elektrische Oberleitungen, das Hotel Europa, das Justizgebäude, den Rangierbahnhof in Gnigl, das alles gibt es in ihren Bildern nicht. Ist das ein Vergehen an der Wirklichkeit? Man könnte den Spieß umdrehen und sagen, daß diese Dinge Vergehen gegen die Salzburger Wirklichkeit sind, und daß diese Wirklichkeit eher in jenen Bildern liegt, da Salzburg sich einem von der Natur begünstigten Idealbild nähert.
Horribile dictu — Regine Dapra malt zu Hause und nicht im Freien, dem Regen und der Neugier von Fremden ausgesetzt. Und sie malt meist nach Fotografien (ihres Mannes Josef Dapra). Hierin hat sie allerdings berühmte Vorbilder — von Delacroix bis zu Lenbach. Und seit im 17. und im 18. Jahrhundert die camera optica zur Herstellung von Veduten benutzt wurde, von Bellotto und Guardi in Venedig etwa, ist das nichts anderes als ein Kunstmittel. Nur wer glaubt, daß die Fotografie mit ihrem Gegenstand verwechselt werden könnte, wird an dieser Methode Anstoß nehmen, die in unserem Fall den langen und komplizierten Weg illustriert, auf dem Bilder entstehen. Einen Weg, auf dem Bilder neue Bilder gebären, wobei in Salzburg der Gegenstand, die Stadt, bereits Verkörperung von Bildvorstellungen ist. Schließlich sehen wir die Welt, weil wir uns seit jeher von ihr Bilder gemacht haben. Die Ansichten der Regine Dapra sind Veduten im traditionellen Sinn, da in ihnen das Bild der Stadt Vorrang hat vor der eigenen Erfindung. Aber schon das sehr individuelle Kunstmittel eines eigenwilligen Ausschnitts macht daraus Kunstbilder, wobei etwas für Salzburg sehr Typisches erfaßt wird: daß diese Stadt ihre Bilder im überraschenden Auftauchen bietet. Das Kubische der Architektur, die feine Oberflächenzeichnung des Ornaments auf diesen Blöcken, das kommt dem entgegen, was man naive Malerei nennt und was tatsächlich hier eher vom Gegenstand her provoziert

wird. Um die naturgetreuen Farben kümmert sich die Malerin kaum. Wozu auch? Wo alles sich als Färbelung dem Stein nähert, kommt es nicht aufs Detail an, sondern aufs Gesamtbild.
Aus diesen Bildern kann man lernen, daß Salzburg ein sehr symmetrisches Gebilde ist, daß Gewicht gegen Gewicht steht, daß die Ansichten ihre Achsen und damit die Bilder ihren Sinn haben. Das Sonntägliche resultiert aus dieser einfachen Ordnung der Dinge, sie sind gerichtet, haben sich gerichtet und sie widerstehen nicht. Eine sonntägliche Gelassenheit herrscht zwischen Stadt und Betrachter, die Zeit ist zur Ruhe gekommen, und die Vergangenheit ist zum Fest geworden, an dem wir teilnehmen können.

Kurze Literaturhinweise

Bilder entstehen aus Bildern und Bücher aus Büchern. Deshalb seien wenigstens einige Titel genannt, denen der Verfasser verpflichtet ist und die dem, der sich durch dieses Buch zu weiterer Beschäftigung mit Salzburg angeregt fühlt, eine Hilfe sein können:

Bahr, Hermann: Salzburg, Berlin 1914
Dehio-Handbuch: Die Kunstdenkmäler Österreichs. Salzburg von Franz Martin, bearbeitet von Franz Fuhrmann, Wien 1963
Eltz-Hoffmann, Lieselotte von: Salzburger G'schichten, Salzburg 1971
Fuhrmann, Franz: Salzburg in alten Ansichten, Salzburg 1963
Hofmann, Werner und Jaqueline: Salzburg, München 1967
Keller, Harald: Salzburg, München-Berlin 1956
Klein, Herbert: Juvavum-Salzburg. Vorträge und Forschungen, Band IV, Lindau-Konstanz o. J.
Martin, Franz: Kunstgeschichte von Salzburg, Wien 1925
Martin, Franz: Die Salzburger Residenz, Augsburg-Köln-Wien 1928
Martin, Franz: Salzburger Straßen, Salzburg 1946
Martin, Franz: Salzburg, Geschichte und Kunst dieser Stadt, Salzburg-Stuttgart 1964
Martin, Franz: Salzburgs Fürsten in der Barockzeit, Salzburg 1966
Martin, Franz: Kleine Landesgeschichte von Salzburg, Salzburg 1971
Merian: Salzburg, 1964
Österreichische Kunsttopographie, Bände VII, IX, XIII und XVI: bearbeitet von Hans Tietze, Band XI, bearbeitet von Paul Buberl, mit archivalischen Beiträgen von Franz Martin, Wien 1911—1920
Paumgartner, Bernhard: Salzburg, Salzburg 1966
Reclam: Kunstführer Österreich II (von Franz Fuhrmann Teil Salzburg), Stuttgart 1961
Salzburg Chronik: bearbeitet von Pert Peternell, Salzburg 1960
Schaup, Wilhelm: Altsalzburger Photographien, Salzburg 1967
Schlegel, Richard: Veste Hohensalzburg, Salzburg 1952
Schwarz, Heinrich: Salzburg und das Salzkammergut. 3. Auflage, Wien-München 1958
Sedlmayr, Hans: Die Stadt als Kunstwerk. — In: Das Buch vom Salzburger Land, Wien 1969. S. 102—107
Steinitz, Wolfgang: Salzburg, ein Kunst- und Reiseführer, Salzburg 1971

Katalog

Titelbild:		
	Salzburger Türme und Kuppeln	40 cm × 50 cm, 1971
1.	Der Riedenburgweg	50 cm × 45 cm, 1966
2.	Der Kokoschkaweg	20 cm × 30 cm, 1972
3.	Schloß Aigen	40 cm × 50 cm, 1968
4.	Kapuzinerberg-Tor	25 cm × 40 cm, 1971
5.	Stift Nonnberg	45 cm × 50 cm, 1967
6.	Die Festungsgasse	30 cm × 40 cm, 1968
7.	Aussicht auf Stadt und Dom	35 cm × 45 cm, 1969
8.	Adventsblasen	30 cm × 40 cm, 1972
9.	Die Erhardkirche	40 cm × 50 cm, 1972
10.	Die Franziskanerkirche	30 cm × 40 cm, 1972
11.	Der Alte Markt	35 cm × 45 cm, 1968
12.	Der Festungsweg	40 cm × 30 cm, 1968
13.	Der „Löchlbogen“	35 cm × 40 cm, 1973
14.	Salzburger Dächer	30 cm × 40 cm, 1970
15.	Weg zur Festung	25 cm × 35 cm, 1968
16.	Der Petersfriedhof	30 cm × 40 cm, 1973
17.	Der Mirabellgarten	35 cm × 40 cm, 1973
18.	Kleines Hausgärtchen	35 cm × 25 cm, 1971
19.	Schloß Freisaal	40 cm × 45 cm, 1967
20.	Das Zeugwartstöckl	40 cm × 40 cm, 1966
21.	Schloß Neudeck	25 cm × 35 cm, 1967
22.	Die Kapitelschwemme	35 cm × 40 cm, 1972
23.	Der Klostergarten im Stift Nonnberg	45 cm × 40 cm, 1967
24.	Der Hellbrunner Park	40 cm × 50 cm, 1972

25. Die Schanzlgasse	40 cm × 30 cm, 1971
26. Die Gerberhäuser	25 cm × 30 cm, 1968
27. Die Goldgasse	35 cm × 40 cm, 1966
28. Gastgarten	35 cm × 50 cm, 1968
29. Aufgang zum Kapuzinerkloster	45 cm × 40 cm, 1967
30. Robinighof	35 cm × 45 cm, 1969
31. Die Dombögen	40 cm × 50 cm, 1971
32. Das Monatsschlößchen	35 cm × 50 cm, 1972
33. Die Festungsbahn	45 cm × 40 cm, 1966
34. Der Grünmarkt	30 cm × 40 cm, 1973
35. Der Leopoldskroner Weiher	30 cm × 45 cm, 1971
36. Der Peterskeller	45 cm × 40 cm, 1965
37. Blick vom Heuberg	45 cm × 50 cm, 1967
38. Der Christkindlmarkt	30 cm × 40 cm, 1966
39. Aussicht vom Kapuzinerberg	35 cm × 45 cm, 1969
40. Die Wallfahrtskirche Maria Plain	38 cm × 50 cm, 1964

Alle Bilder: Öl auf Hartfaser (Maße = Höhe × Breite)

Inhalt